パーフェクトレッスンブック

野球の教え方、教えます!

PERFECT LESSON BOOK

大石 滋昭 著

実業之日本社

はじめに
野球を教えていて感じること…

「最大の喜び」… 教え子が、次のステージで頑張っている姿を見た時
「うれしい時」… 教え子が、活躍できたことを知った時
「やりがい」… 〝コーチのおかげで……〟と言ってもらえた時
「楽しい時」… 子どもたちと同じ気持ちになって、はしゃいでいる時
「むずかしい時」… たくさんの大人の意見に板挟みになっている子と接している時
「よしっOK！と感じる時」… 考えた練習メニューがうまくできた時
「つまらないと感じた時」… 一度もありません

この本で「野球の教え方」を知って、ご家庭で、チームで、たくさんの子どもたちに野球を教えてみてください。

あなたのチャレンジが、子どもたちのチャレンジにつながります。

あなたのレベルアップが、子どもたちの成長をバックアップします。

子どもたちから受ける喜びが、あなた自身の進化につながります！

決して最初からパーフェクトにはできません。迷うことばかりです。

しかし、目的がはっきりしていれば、なりたい姿が明確に見えていれば、だんだんと「良いコーチ」「信頼されるコーチ」に近づいていけると思います。

この本を片手に　さあ明日　いざグラウンドへ！

大石 滋昭

本書の使い方

●全て**右投げ・右打ち**の表記です
左投げ・左打ちの場合　左右を入れ替えて説明して下さい

●**矢印** ≪≪≪、**番号** ❶ ≫≫ ❷ ≫≫ にそって進んでください
教える手順を、紙芝居のように写真と文章で説明しています

●このまま　教える時の「**かけ声**」となります
子どもにわかりやすい言葉を使っています

配置図
子ども（K）とコーチ（C）の立ち位置、及びネットなどの設置場所を説明します

悪い例
間違った動きのサンプルを見せましょう

難易度
教える時の難しさを星の数で表記☆が多いほど難しくなります

レッスンポイント
教える前に一読して下さい

適正人数
レッスンを行う際のコーチ１名に対しての受講人数の目安です

目次 Contents

はじめに　本書の使い方……2
目次……4

第1章 投げる

投げる❶ 力強いボールをなげるために
グローブの引きつけ方を教えましょう……10
投げる❷ 回転の良いボールを投げるために
スナップスローを教えましょう……12
投げる❸ 初めての子でも投げる練習ができるように
右腕の振り方を教えましょう……14
投げる❹ けがをしない正しい投げ方を覚えるために
右肘の高さが大切なことを教えましょう……16
投げる❺ 速いボールを投げるために
腕のしなりを教えましょう……18
投げる❻ 回転の良いスピードボールを投げるために
指のしなりを教えましょう……20
投げる❼ 正しい投げ方を覚えるために
右肘の高さを教えましょう……22
投げる❽ バランスよく投げるために
左腕(グローブ)の位置を教えましょう……24
投げる❾ スピンの効いたボールを投げるために
ボールの持ち方を教えましょう①2本指……26
投げる❿ スナップの効いたボールを投げるために
ボールの持ち方を教えましょう②親指……28
投げる⓫ コントロールよく投げるために
足の踏み出しかたを教えましょう……30
投げる⓬ 正しいピッチングフォームを身につけるために
肘の上げ方を教えましょう……32
投げる⓭ 力強いボールを投げるために
下半身の捻りを教えましょう……34
投げる⓮ からだ全体を使って投げるために
体重移動スローを教えましょう……36
投げる⓯ 速い球を低目に投げ込むために
リリースポイントを前にする方法を教えましょう……38
投げる⓰ 楽しみながら上達するために
的当てゲームでレベルアップする楽しさを教えましょう……40

Column バットの重さについて……42

第2章 捕る

捕る① しっかり捕るために
指の動かし方を教えましょう……44
捕る② 始めたばかりの子が捕れるようになるために①
グローブの動かし方を教えましょう……46
捕る③ 始めたばかりの子が捕れるようになるために②
右手の動きを教えましょう……48
捕る④ どんな球も捕れるようになるために
グローブの向けかたを教えましょう……50
捕る⑤ より確実な捕球と素早い持ち替えのために
右手の位置を教えましょう……52
捕る⑥ 守備範囲が広くなるために①
外野フライのスタートを教えましょう……54
捕る⑦ 守備範囲が広くなるために②
外野フライの追いかけ方を教えましょう……56
捕る⑧ タッチアップするランナーを刺すために
フライを捕る体勢を教えましょう……58
捕る⑨ レベルの高い外野手になるために
真後ろのフライの追い方を教えましょう……60
捕る⑩ 低く速いゴロの捕り方を覚えるために
ゴロ捕球の基本となる姿勢を教えましょう……62
捕る⑪ 上手な内野手になるために
ショートバウンドの捕り方を教えましょう①……64
捕る⑫ 上手な内野手になるために
ショートバウンドの捕り方を教えましょう②……66
捕る⑬ 扇の要になるために①
捕手のキャッチングを教えましょう……68
捕る⑭ 扇の要になるために②
ボディーストップを教えましょう……70
Column 安全に練習するために……72

第3章 守る

守る① 大切な基本を覚えるために
キャッチボールを教えましょう①……74
守る② 大切な基本を覚えるために
キャッチボールを教えましょう②……76
守る③ スローイングが良くなるために
捕る➡投げるのステップワークを教えましょう……78
守る④ スローイングが良くなるために
2方向へのステップワークを教えましょう……80

守る❺ 守備力を高めるために
ミニボール回しを教えましょう 82
守る❻ 強肩捕手になるために
キャッチャーのフットワークを教えましょう 84
守る❼ ぶつかったりお見合いしたりを防ぐために
中間フライの守り方を教えましょう 86
守る❽ 盗塁を防ぎピンチを救うために
一塁への牽制を教えましょう 88
守る❾ 試合で起こる難しいプレイに備えて
挟殺プレー(はさみっこ)を教えましょう 90
守る❿ 持ち替えやクイックスローが上手くなるために
壁当てゲームでクイックプレイを教えましょう 92

第4章 打つ

打つ❶ 良いバッティングをするために
バットの持ち方を教えましょう① 94
打つ❷ 強い打球を打つために
バットの持ち方を教えましょう② 96
打つ❸ 軸のしっかりとしたスイングをするために
足の幅を教えましょう 98
打つ❹ 軸のしっかりとしたスイングをするために
構えの姿勢を教えましょう 100
打つ❺ 高めも低めも打てるために①
構えたときのバットの角度を教えましょう 102
打つ❻ 高めも低めも打てるために②
高め・低めの素振りを教えましょう 104
打つ❼ 高めの球を打てるバッターになるために
高めの打ち方を教えましょう 106
打つ❽ 難しい球が打てる好打者になるために
低めの打ち方を教えましょう 108
打つ❾ 良くない打ち方を知るために
〝肩が開く〟とは?を教えましょう 110
打つ❿ 良い打ち方を覚えるために
左足のステップを教えましょう 112
打つ⓫ 体の力をバットに伝えるために
両手の通り道を教えましょう 114
打つ⓬ 〝振り遅れ〟を防ぐために①
両手の位置を教えましょう 116
打つ⓭ 〝振り遅れ〟を防ぐために②
右肘の位置を教えましょう 118

打つ⑭ 力強い打球を打つために
軸足の動きを教えましょう 120

打つ⑮ 打球を遠くへ飛ばすために
右手のひらの向きを教えましょう 122

打つ⑯ グラグラしないスイング軸を作るために
頭の位置を教えましょう 124

打つ⑰ 力強いバッティングをするために
体重バランスを教えましょう 126

打つ⑱ 下半身の力を使って打つために
体重移動振りを教えましょう 128

打つ⑲ 鍛えながら力の入れどころを知るために
連続素振りを教えましょう 130

打つ⑳ アクシデントから身を守るために
デッドボールのよけ方を教えましょう 132

打つ㉑ 試合で打てるようになるために
狙い球とは?を教えましょう 134

打つ㉒ 相手に合わせたバッティングをするために
打席での立つ位置を教えましょう 136

打つ㉓ 試合で良いバッティングをするために
好球必打を教えましょう 138

打つ㉔ 守備を鍛えるために
上手なノッカーを目指しましょう 140

Column 素振りの練習について 142

第5章 走る

走る① 1塁でセーフになるために
1塁ベースの踏み方を教えましょう 144

走る② 試合で役立つ走塁をするために①
バッターランナーの走り方を教えましょう 146

走る③ 試合で役立つ走塁をするために②
駆け抜けのルールを教えましょう 148

走る④ 試合で役立つ走塁をするために③
オーバーランのやり方を教えましょう 150

走る⑤ 上手なランナーになるために①
リードの大きさを教えましょう 152

走る⑥ 上手なランナーになるために②
リードのとり方を教えましょう 154

走る⑦ 安全に滑れるように
スライディングのやり方を教えましょう 156

走る⑧ 1点を取るために
ホームへのスライディングを教えましょう① 158

走る9 1点を取るために
ホームへのスライディングを教えましょう② 160
走る10 一点をもぎ取るために
サードランナーのゴロゴーを教えましょう 162
Column 自宅でも出来るバッティング練習 164

第6章 考える 備える 整える

考える1 メンタル強化のために
"緊張"について教えましょう 166
考える2 どんな時でも大丈夫なように
ドキドキ・バクバクについて教えましょう 168
考える3 大舞台で力を発揮するために
鳥肌が立つことについて教えましょう 170
考える4 何事にも頑張れる人になるために
積み重ねることの大切さを教えましょう 172
備える1 万一に備えて
ケガした時の応急処置を教えましょう 174
備える2 故障を防ぐために
野球肘について教えましょう 176
備える3 故障を防ぐために
野球肩（ルーズショルダー）について教えましょう 178
備える4 大一番に備えて
決戦前夜の過ごしかたを教えましょう 180
教える 説明が子どもたちに伝わりやすいように
コーチの立つ位置などを工夫しましょう 182
整える1 野球肘・野球肩の故障を防ぐための
上肢のコンディショニングトレーニング① 184
整える2 野球肘・野球肩の故障を防ぐために
上肢のコンディショニングトレーニング② 186
整える3 肘・肩および腰・膝の故障を防ぐための
上肘と下肢のコンディショニングトレーニング 188
この本を推薦します 190
あとがき 191
奥付 192

第1章

投げる

投げる①

力強いボールをなげるために
グローブの引きつけ方を教えましょう

難易度
★★
適正人数
1～5人

❶ ボクシングのパンチ　用意！

ボクサーが右ストレートパンチを打つ時の構えをとります

❷ せ～の　パンチ!!

力強く右腕でパンチを決めます。その時にグローブを左胸に引きつけます

❸ 次はフニャパンチ

左腕を身体の左側にだらりと伸ばしかっこ悪いパンチを打ってみます。「どっちが強く打てるかな？」と質問して、グローブを胸の前に引きつけた方が強いパンチが打てることを感じさせます

レッスンポイント
パンチをして体感を

左腕の動き＝投げ終わった時のグローブの位置は、意識しないと覚えにくい動きです。

このレッスンは、「なぜ胸の前に引きつけておくことが大切なのか？」を、パンチを打つことによって覚えさせることができます。

ここに注意
悪い例は極端に

③のフニャパンチ（弱いパンチ）を打つ時の左腕の動きは、オーバー

〇良い例

④ボールを投げるのと、パンチを打つのは一緒だよ！

近い距離からボールを投げます。5球に1球くらい、へぼパンチのような形で投げてみます。グローブを引きつけた方が強く投げられることを体感させます

⑤グローブは胸にしっかりと引きつけて

グローブの外側が左胸にピタッと引きつけられているかをチェックします

×悪い例

グローブの引きつけができていないと

アクションにしてみましょう。
さらに、力の入れられないズッコケたような表情をしてみましょう。

かけ声ひとつで変化
〝バシッ!〟は強く

かけ声ひとつで子どもの動きが変わります。〝バシッ〟は強く鋭い声で。〝フニャ〟は弱々しい声で。その他に「右腕と左腕が入れ替わるんだよ」「右と左がいってこいだよ」などのかけ声もわかりやすいと思います。

配置図

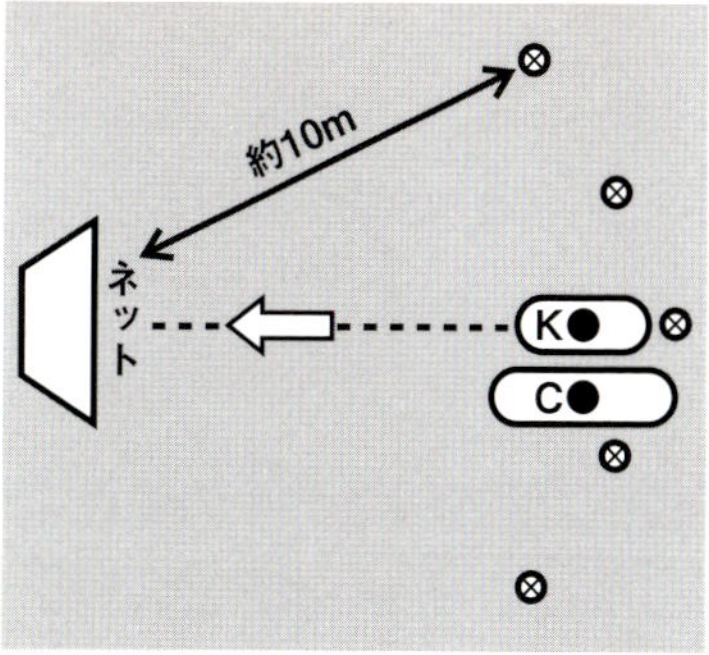

※Kは子ども　Cはコーチの身体の位置。
ⓧはマーカー

投げる②

回転の良いボールを投げるために
スナップスローを教えましょう

難易度
★★

適正人数
1～6人

① 前へならえ

グローブとボールを持ち、両手のひらが地面を向くようにして前へならえをします。
この体勢で「1」の声をかけます

② ボールを引いて頭の横へ

ボールを持つ手のひらが地面を向いたまま引いてきます。この体勢で「2」の声をかけます

③ 手首柔らかく　ユルユルに

ボールを柔らかく持たせます。コーチが手首をゆらしてみるのもいいでしょう

レッスンポイント

手首の使い方が覚えられる

身体をひねることなく、足も踏み込まないで、腕の動きだけでボールを投げさせましょう。この練習は、投げる時の手首の使い方をわかりやすく覚えさせることができます。

手のひらが上を向くのはNG

柔らかく引いてスナップを

スナップ（＝手首の力）を効かせて、より多く回転するボールを投げるためには、肘や手首のしなりが必要です。そのためには、手のひらを

4 投げるよ「3!!」

「3」のかけ声でいっきにボールを投げます

5 縦《たて》に回っているかな？

ボールのたて回転を意識させることも大切です

○ 良い例

手のひらが地面に向いていると、投げるときにスナップが効きやすい

× 悪い例

手のひらが上を向いていると手首がしなりにくい

地面に向けたままボールを柔らかく持つことが大切です。

ボールの回転は 縦（＝垂直）にまわるのがGOOD

子どもたちはフォークボールや、サッカーの無回転シュートが急激に落ちることをよく知っています。カーブやシュートは横回転のため横に曲がります。落ちたり曲がったりしない投球をするために、縦回転のボールが投げられることが大切です。

配置図

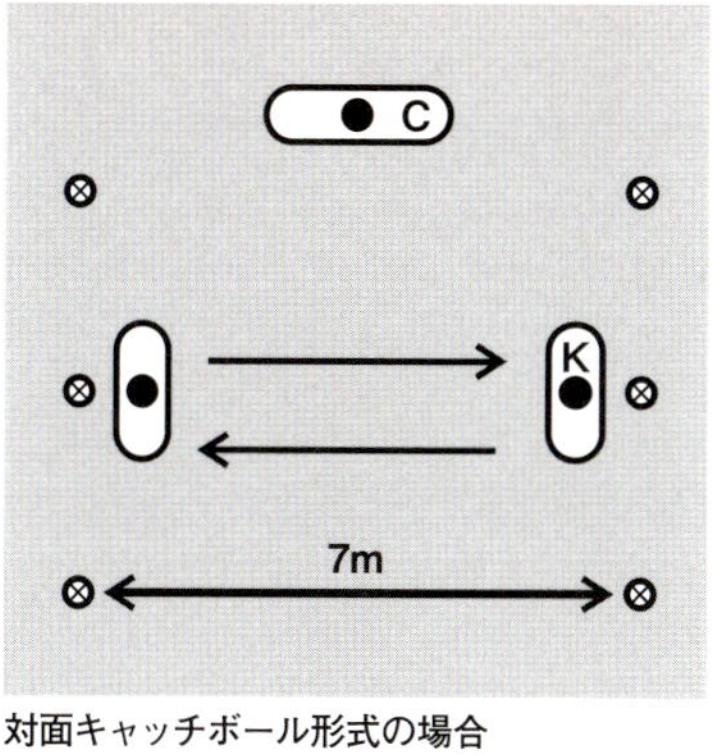

対面キャッチボール形式の場合

投げる③

初めての子でも投げる練習ができるように

右腕の振り方を教えましょう

難易度 ★★

適正人数 1～5人

① 腕を上げて

へそをネットに向け、ボールを持って下げておいた右腕を、かけ声とともに上げてきます（ボールが頭の上にくるまで）

② せ～の

上げた腕をいちばん上で止めることなく、下に向かって振り下ろします

③ シュッ!!

振り下ろす途中でボールを離します＝ボールを投げます

レッスンポイント①

単純な腕の振りを教えましょう

「腕の振り」とは、投げる時の腕の動きをいいます。ボールを持った右腕を頭付近まで上げ、ターゲットに向けて投げる動きの中で「腕を振り下げる動作」を一般的に「腕の振り」といいます。

レッスンポイント②

肩幅の中で腕の上げ下げを

このレッスンは、初めてボールを投げる子にとっても「わかりやすい＝動かしやすい」練習です。またこの動き

腕を背中側に伸ばして振り上げる

④横向いて

今度は足の向きをネットに対して横向きに変えます

⑤上げたらクルッと向きかえて

腕を上げて振り下ろす瞬間に、へその向きをネットに向けます。足の位置はそのままでへその向きを“クルッと”変えます

⑥シュッ!!

へそから上（上半身）のターンと、腕の振り（「上げて・下ろして」の縦の振り）を合わせます。腕がしなるように、柔らかくボールを持たせます

④〜⑥の配置図

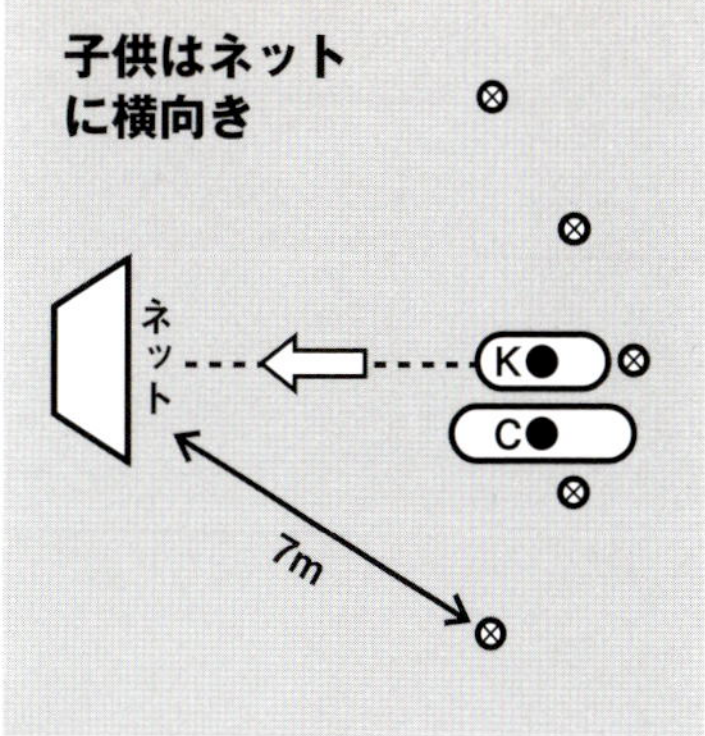

①〜③の配置図

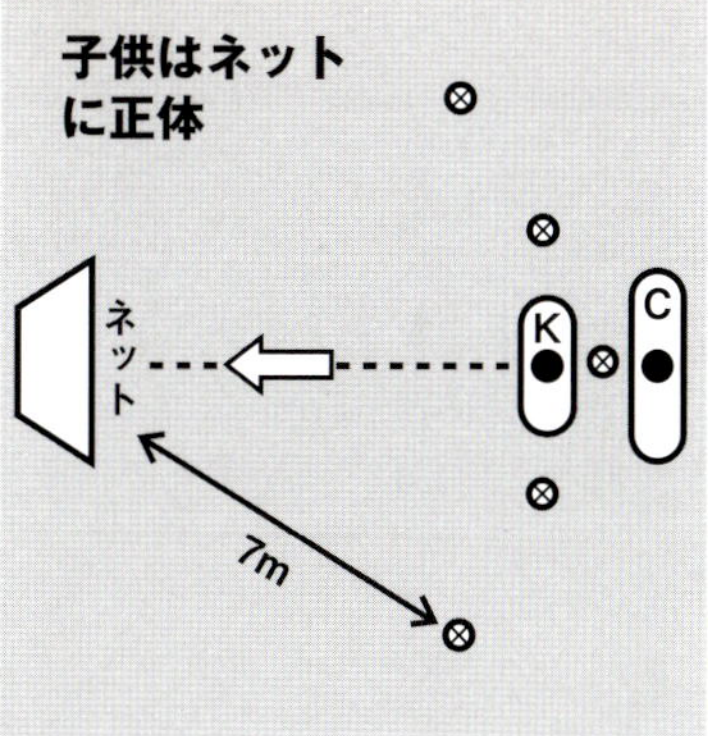

は、きわめて単純なので「身体に無理な負担がかからない＝けがをしにくい投げ方」を覚えることができます。

投げる④

けがをしない正しい投げ方を覚えるために 右肘の高さが大切なことを教えましょう

難易度 ★★★★

適正人数 1～3人

① 力が入っていると

右腕を曲げて“力こぶ”を作ります＝上腕二頭筋をグッと固くします

② 腕は曲がるかな？

力こぶを作ったまま、赤ちゃんがイヤイヤをするように肩を前後に動かします。曲げた右腕はしなる（曲がる）ことなく、ロボットのようにそのままの形で動きます

③ 今度はユルユルに

今度はユルユルに力を抜きます。力こぶをなくします

④ しなるよね

子どもの背中側にまわり、肩に手をかけて首を中心に左右の肩を動かします（②と同じように軽く揺さぶります）。曲げた腕の肘から先が、しなるように曲がることを感じさせます

レッスンポイント①
自分の身体で感じさせよう

投げる時の肘の高さを、子どもの時に正しく覚えさせることはとても大事です。このレッスンは、「なぜ肘の高さは、肩の高さにしなくてはいけないのか？」という疑問に答えられるレッスンです。自身の身体によって感じたものは、すんなりと受け入れられます。

レッスンポイント②
3種類で比べよう

肘の高さについては、低い・高い・

✕ 悪い例

肘の下がった投げ方は肩の故障につながりやすいです

⑤ボールを肩の高さに肘はおへその高さに

ボールを持たせて、ボールが肩の高さにくる位置に腕を曲げます（肘がおへその高さくらいの、「肘が下がった状態」にします）。その体勢から肩を前後に動かします。腕が動かしにくく、肩の付け根の前の部分（三角筋周辺）に引っ張られるような痛みを感じる場合もあります

⑥ボールを高く、腕を耳に付けるように

ボールを持った腕を高く伸ばし、腕が耳につくような形のまま肩を前後に動かします。手首が不安定に動くことを感じさせます

⑦肘が肩の高さに

肘が肩の高さになるように腕を曲げて、⑤・⑥と同じように肩を前後に動かしてみます。手首と肘が安定しながらしなる（曲がる）感覚を伝えます

⑧おおあくび＆敬礼！！

肘の高さを覚えるために〝大あくび〟をするときの手を頭の後ろに組んでのびをするときのポーズと、敬礼（やや大げさな）のポーズをやってみます

配置図

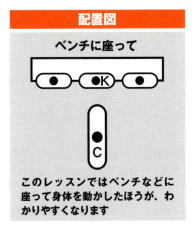

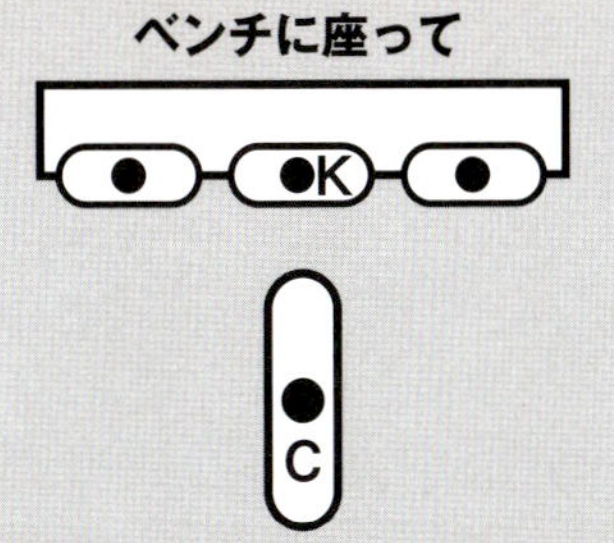

このレッスンではベンチなどに座って身体を動かしたほうが、わかりやすくなります

ちょうどいい（＝肩または肩より少し上）の3か所で、身体を動かして体感させてみましょう。

レッスンポイント③

覚えやすく教えましょう

子どもには〝おおあくび　あ～あ眠い眠い〟〝おまわりさん　敬礼！〟など、わかりやすい表現を取り入れながらレッスンしていきましょう。

投げる⑤

速いボールを投げるために 腕のしなりを教えましょう

① 力こぶを作って

右腕を曲げて"力こぶ"を作ります＝上腕二頭筋をグッと固くします

② ここだよ

コーチが力こぶの位置をチェックします。指で盛り上がらせたい筋肉（上腕二頭筋）をつつきながら「はいっ、もっと力を入れて！」と声をかけます

③ 曲がるかな？

力こぶを作ったまま、肩を前後に回します（赤ちゃんがイヤイヤをするように）。曲げた右腕はロボットのように曲がる＝しなる　ことなく、そのままの形で動きます

レッスンポイント

力を入れると入れないと

投げる時に、腕に力を入れた（筋肉が硬直した）状態で動かした時と、脱力した状態で動かした時の腕の曲がり方＝腕のしなりの差を感じさせるレッスンです。

ここに注意

補助はやさしく

腕に力を入れた状態＝力こぶを作ったままで、大人が無理やり肩を揺さぶるのはNGです。子どもの肩を痛めないように、補助は優しい力

難易度
★★★
適正人数
1～3人

④今度は、ユルユルに

今度は力こぶをやめて、腕がユルユルになるように力を抜きます

⑤肩を回して

フニャっと脱力を

⑥肩を回して

③と同じように子どもの背中側にまわり、両肩に手をかけて左右の肩を動かします（軽く揺さぶります）

⑦力を抜いて

なるべく腕がゆらゆらするように、脱力させます

⑧しなるよね

力をぬいた状態で動くと、肘や手首がゆらゆらと曲がる＝しなる　ことを感じさせましょう。
〝しなる〞という状態を感じさせましょう

加減で行ないましょう。

大切です！ 野球肘を防ぐ

強くボールを持ちすぎたり、力こぶを作った時と同じような上腕筋群（肩から肘）と前腕筋群（肘から手首に）への力の入れ方で投球動作を繰り返すと、肘関節の軟骨と繋がっている「腱」が必要以上に引っ張られてしまい、はく離骨折＝野球肘になってしまいます。このドリルは、野球肘などの投球障害を防ぐためには、脱力することが大切だと、子ども自身が身体で感じることができる、大切なレッスンです。

ベンチなどに座らせて肩を揺さぶると、よりわかりやすく教えることができます。

投げる6 回転の良いスピードボールを投げるために

指のしなりを教えましょう

難易度 ★★

適正人数 1～5人

①ギューッと力をいれて

力こぶを作りながら、ボールを握りつぶすような表情でギューッと持ちます

②そのまま振ると

子供たちにも同じようにギューッとボールを握らせて、腕を前後に振ってみます。手首が固まってしまい全く動かないことを感じさせます

レッスンポイント

ボールを柔らかく持つことの大切さ

①・②のレッスンにより、硬くボールを持つと手首が使えない（動かない）ことを感じさせましょう。

豆知識1

リリースとは

投げる時にボールが指先から離れる瞬間のことをリリースといいます。ボールを離す位置のことは、リリースポイントといいます。

○良い例

柔らかくしなった指先から離れたボールが浮き上がるように回転しています

③力を抜くと

今度は、表情を緩めながら、ボールを持つ腕の力を抜きます。手首が柔らかくなり曲がることを感じさせます

④指が反るよ！（しなるよ！）

投げようとしてボールが指先から離れる瞬間に、人差し指と中指が手の甲側にグッと反る（しなる）ことによって、ボールに回転（スピン）がかかり、スピードボールが投げられることを説明します

配置図

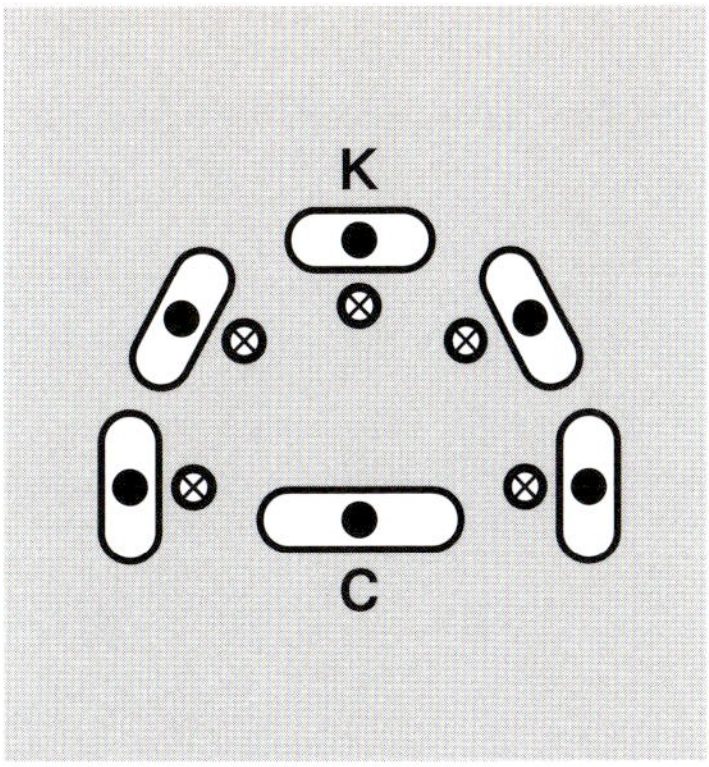

豆知識2

スピンとは

スピンとは回転のことです。投げたボールは、回転数が多いほど速くなります。投手が投げたボールがミットに入るまでの回転数が少ないとボールは落ちます。フォークボールやナックルボールなどの変化球や、サッカーの無回転シュートを例に出して説明するといいでしょう。

投げる⑦

正しい投げ方を覚えるために 右肘の高さを教えましょう

難易度
★★★★
適正人数
1～5人

① 両腕を伸ばして

配置図

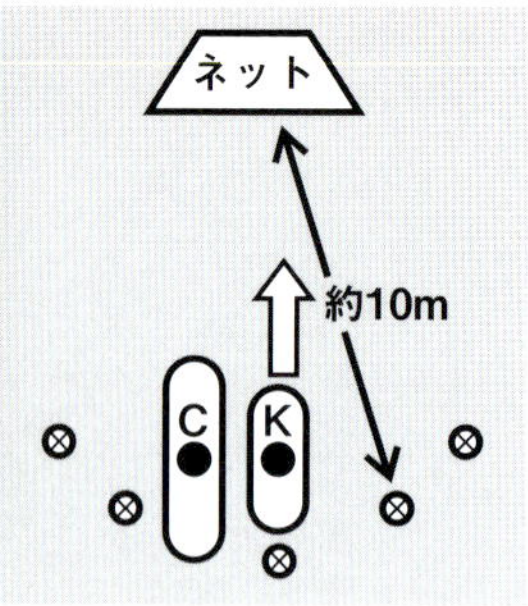

子どもの背中側にまわり、両腕が地面と平行になるように伸ばして広げ、両肘を下から支えます

② グローブを顔の前に　ボールを耳の上に

左腕は、グローブが顔の前にくるように曲げます。次に右腕は、ボールが耳の上（おでこよりも高く）にくるように肘を曲げます。両腕を曲げてセットが終わったら「肘は肩の高さだよ」と声をかけて、自分の目で肘の高さを確認させます

レッスンポイント①
右肘は肩の高さに

ボールを投げる時に、肘の高さが肩の高さになることを覚える（＝意識付けする）ためのレッスンです。実際には肘は肩よりも少し高い位置にきますが、子どもには〝肩〟がわかりやすいので「肘の高さは、肩の高さ」を強調します。

レッスンポイント②
部分⬇全体⬇部分で練習する

投げる動作は複雑ですが、このレッスンのように「腕」や「肘」と

プラス・チェック

ボール（手のひら）の向き

肘が肩の高さにきた時のボールの向き＝手のひらの向きを無理に真後ろ（投手から見てのセンター方向）に向けるのはNGです。腕全体が脱力できていて柔らかく持たれたボールは、正面（サード方向）ないし、斜め後方（ショート方向）を向いているはずです

3 へそから先に

子どもの両腰に手をあてながら「おへそから回していくのだよ」と声をかけ、2～3㎝くらい左回転の方向に軽く腰をまわして動きの準備をさせます

4 せ～の シュッ!!

「せ～の」につづき「シュッ!!」のかけ声でネットに向かってボールを投げます。コーチは「せ～の」のかけ声とともに子どもの背中から一歩離れて投げる様子をチェックします。肘が正しい高さにセットされて、下半身（腰の回転）から投球動作が始まると、肘がゼロポジション（＊用語）を通る正しい投げ方になります

○ 良い例

肘が上がりゼロポジションにある

✕ 悪い例

肘が下がっている

5 ハイOK

コーチは投げられたボールの行方よりも、投げる直前の肘の高さに注目します。「肘の高さOK！」などと声をかけるのもいいでしょう

いう部分だけの動きにしぼって教えていくと、わかりやすくなります。教える時には、部分を見てから全体を見て、そしてまた部分を見てという流れが必要です。

用語 ゼロポジション

ゼロポジションとは、腕を上げた時に肩甲骨と上腕骨の角度が一致した状態で、肩関節がもっとも安定します。

投げる⑧ バランスよく投げるために

左腕（グローブ）の位置を教えましょう

難易度
★★

適正人数
1～6人

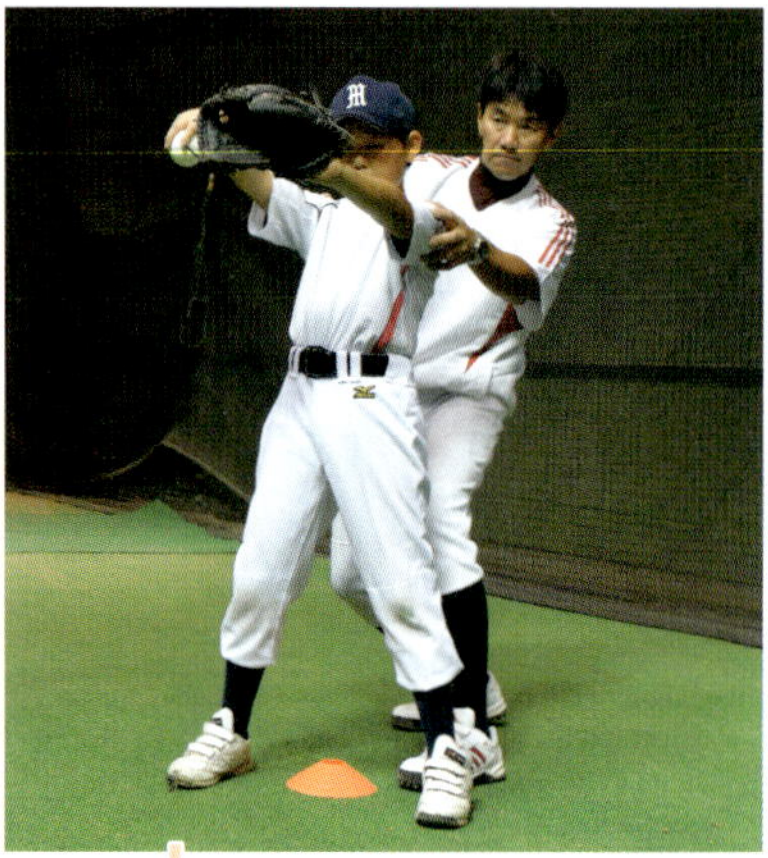

① 相手をかくして

相手にへそを向けて立ち、両腕を"前へならえ"をするように伸ばしてから、相手の顔が隠れる位置に左腕にはめたグローブをもってきます

② 投げるよ！シュッツ！

①の格好からボールを投げます。隠しては投げ、隠しては投げを繰り返します

レッスンポイント①

グローブの位置は大切

ボールを持って投げるために動かす右腕の動きは、無意識でも自然にできるようになっていきますが、それに対してグローブを持つ（＝ボールを持たない）左腕は、意識をしないとなかなか正しい動きを覚えることができません。

レッスンポイント②

近い距離からだんだんと

教えたいことをわかりやすく覚えさせるためには、いきなり遠い距離

○ 良い例

グローブが左胸の前にあるバランスのとれた投球フォーム

③ 今度は横向きで

身体の向きを横向きに変えて、同じようにグローブで相手の顔を隠します

④ かくして！

セットしたグローブの位置を強調しながら

⑤ 投げる

グローブを胸に引きつけながらボールを投げます。相手の顔を隠しては投げ、隠しては投げを繰り返します

✕ 悪い例

グローブの位置が身体から離れている

配置図

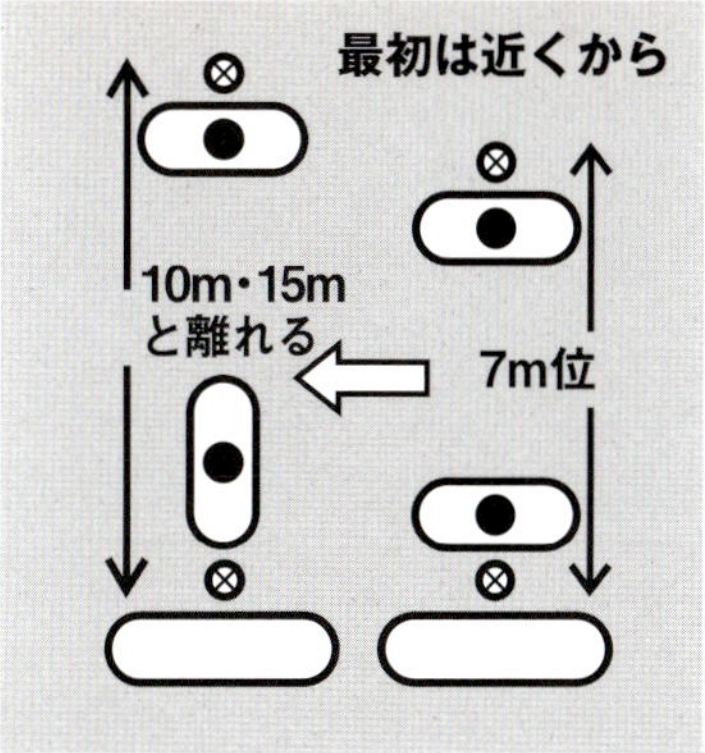

でのキャッチボールから練習するのではなく、近い距離（７ｍ位）から始めることを薦めます。その理由は、「暴投を投げてしまう心配」をせずに「いま何に気をつければいいのか？」という点に集中できるからです。

そして、このレッスンの場合には、子どもがグローブの位置に慣れてきたら、身体の向きや距離を変えていくといいでしょう。

スピンの効いたボールを投げるために
ボールの持ち方を教えましょう① 2本指

難易度 ★★★
適正人数 1～4人

① チョキを出して

子どもの背中側にまわり、中指と人差し指でチョキを作らせて中指の方が人差し指よりも長いことを確認します

② "つ"をさがして

コーチがボールを持ち、ボールの縫い目の中に「たちつてとの "つ"」を見つけます

③ チョキの2本指を "つ" に合わせる

子どもの人差し指と中指の指先を、ボールの縫い目（軟球は、ボコボコと盛り上がった点線、硬球は赤い糸）に合わせます。指紋の部分を縫い目に乗せます

レッスンポイント
たちつてとの"つ"

ボールの向きを覚えるために、覚えやすい"つ"で教えます。子どもに何かを教える時に、どのような言葉を使って説明するとわかりやすいか?、をいつも考えておくといいでしょう。

手の小さい子には
3本でも5本でもOK

小学校4年生くらいまでの小さい子は、手も小さいのでボールを持つ時に人差し指と中指の2本指だけで

サウスポーの子には

左投げは “C” だよ

左投げの子は、ボールの中にアルファベットの「C」の字を見つけます

❹ 指と指の間は、指一本

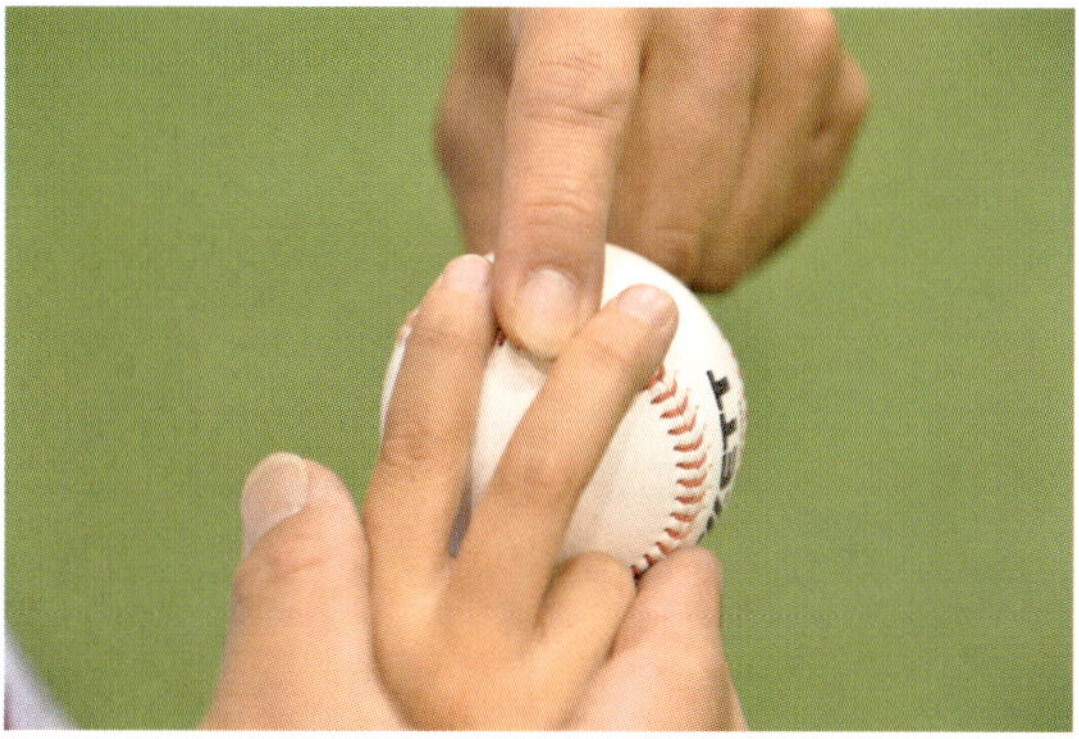

人差し指と中指は、だいたい自分の指一本分が入る程度に広げます。コントロールを重視する場合にはやや広く、スピードを求めるならばやや狭くする場合もあります

配置図

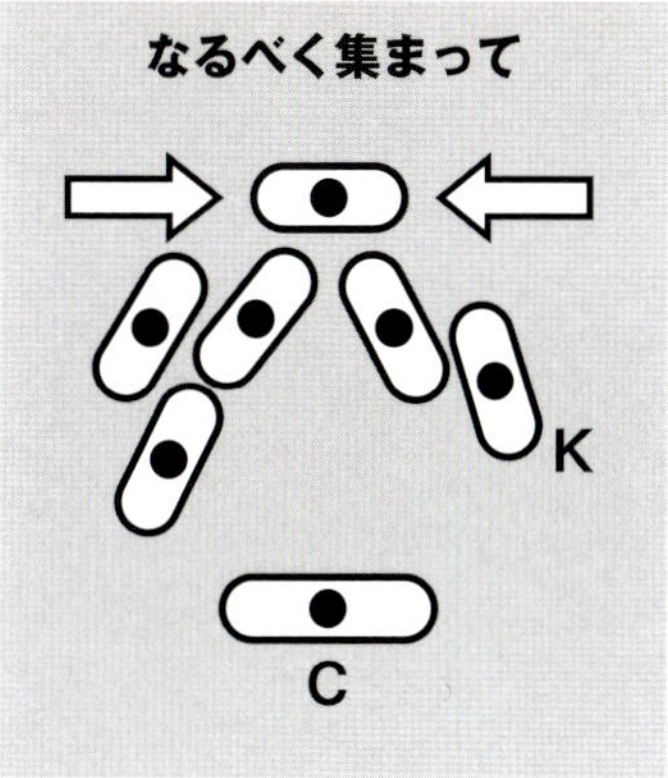

❺ こんな感じだよ

2本指の位置を確認します

は不安定になります。その場合は、薬指も使って〝3本〟で持ちます。それよりも小さい子（園児や1年生など）は、小指も使って〝5本指〟（全部の指）で持った方が、上手に投げることができます。

硬式ボールでプレーする
近い将来のために

実際のところ軟球でプレーする場合、2本指が縫い目にかかっていなくても、投手以外はそれほど影響がでません。ところが中学生や高校生になり硬球を使うようになると、軟球よりも縫い目の影響が出てきます。近い将来に備えて、今のうちに正しい持ち方を教えておくことが大切です。

投げる⑩ スナップの効いたボールを投げるために

ボールの持ち方を教えましょう②親指

難易度	適正人数
★★★	1～4人

❶親指の指紋　ベッタリは？

コーチがわざと間違ったボールの持ち方をして子どもたちに見せます

❷ダメッ、ダメッ　逮捕されちゃうぞ！

親指の腹＝指紋の部分をボールにベッタリとつけて、「こんなに指紋がついては、このボールがよその家のガラスを割った時に、コナン君（アニメに出てくる名探偵）に逮捕されちゃうぞ！」と、間違った親指の持ち方を子どもに印象付けます

レッスンポイント

親指の持ち方はとても大切です

親指のちょっとした〝あてがい方〟の違いによって、手首の動き＝スナップの効きがガラリと変わります（左ページの「比べてみよう」を参照）。「指紋ベッタリ」はNGで、「指の内側」がGOODなことを教えましょう。

また親指をあてがう時にピンと伸ばす子がいますが、曲げていたほうが手首が柔らかく使えることも教えましょう。

❸ 指のココに

親指の内側を人差し指でさわりながら

❹ ボールをのせて

子どもたちに見えやすい向きに注意しながら、左手に持ったボールを右手の親指の内側にのせます。「親指の爪は、縦になるんだよ」などの説明も加えて、親指の腹ではなく内側（人差し指側）がボールと接触することを強調します。これは、正しいボールの持ち方を教える上で、重要なポイントとなります

❺ 2本指の反対側に

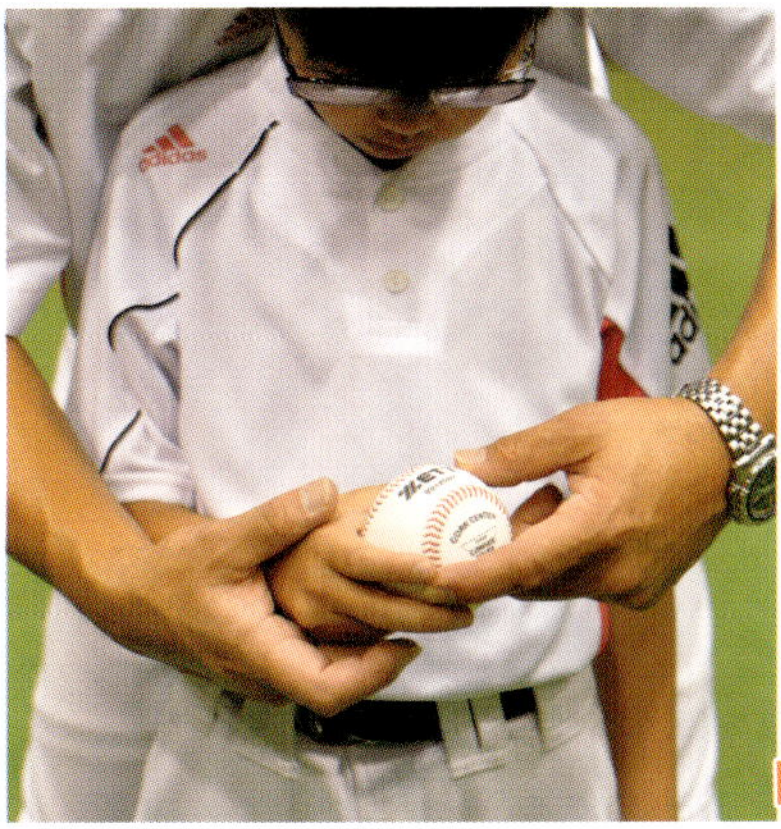

「親指は２本指の真下だよ」と声をかけながら、２本指の間に置いたコーチの指を、地球の赤道に沿って動かすように、下に向かってずらしていきます

❻ 出来上がり

子どもたちのボールの握りを確認していきます

[比べてみよう]

○良い例

×悪い例

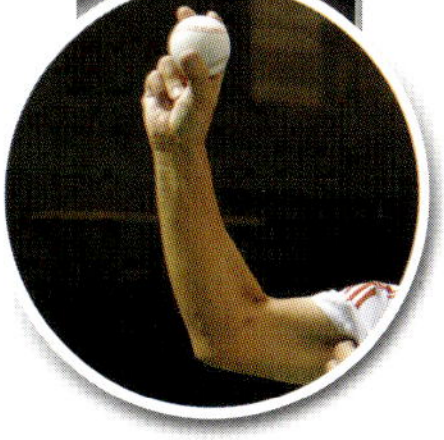

ボールを持って肘から先を振り動かしてみましょう。〈良い例〉と〈悪い例〉では、明らかに手首の動き＝スナップの効きに違いあることがわかります

時には、おもしろおかしく
コナン君に逮捕？

教える時に、コーチの話が子どもたちに〝うける〟ことも大事です。テレビやゲームのなかに、使える言葉や表現がかくれている場合がたくさんあります。

投げる⑪

コントロールよく投げるために
足の踏み出しかたを教えましょう

難易度
★★
適正人数
1～6人

❶ "T"の字をかいて

地面にアルファベットの"T"を書きます。ターゲット（ネットや相手）に向かって、まずは150㎝位の長い線＝Tの縦の線を描きます。続けて、描いた線に直角に50㎝位の短い線＝Tの横の線を自分で描かせます

❷ 投げてみよう!

靴のかかと辺りをT字の角に置いて、セットポジションの体勢（両足をそろえた格好）から、ターゲットに向けてボールを投げてみます

レッスンポイント

自分でT字を書く

子どもが自分でターゲットに向かって真っすぐのラインを引くことが大切です。初めは曲がったT字を描く子も、何度かやりなおせば、真っ直ぐのT字を描きます。線を描くことにより「まっすぐ」の意識が身につきます。

インステップで投げることは

子どもには不向き

速い球を投げたい子、投げられる子の中にインステップをする子が多

配置図

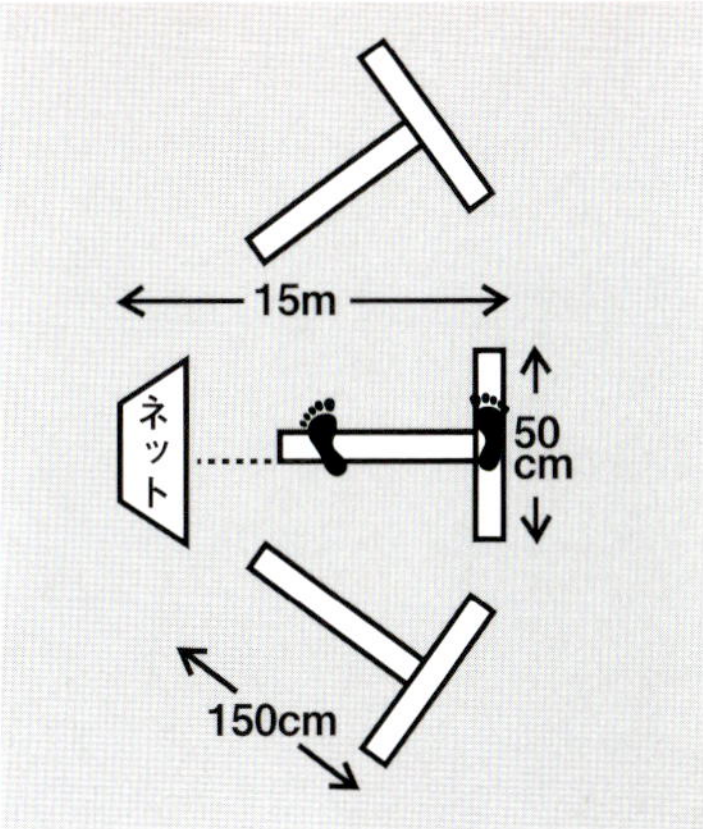

③足はちゃんとついているかな？

投げ終わった時に「ストップ」と声をかけて、自分の左足のついている位置を確認させます

④インステップはNG!

左足がターゲットに向かって線よりも右側（内側）についている場合を、「インステップ」といいます。インステップのしすぎはNGです

くいます。身体を強く使いたい時にインステップをすることは、ある程度は自然な動き（反応）であるとも言えるでしょう。しかし、極端なインステップを続けることは、身体への負担（どうしても上半身を捻る角度が大きくなる等々）と、コントロールの安定性などの面から考えて、まだ身体が発達途中の子どもには不向きと考えます。

インステップの子は 軸足の向きをチェックを

インステップして投げている子の中に、軸足（右足）がターゲットの右側を向いている場合を多く見かけます。その場合には、一球ごとにT字の短い線と、軸足の向き（靴の内側）を合わせて、自分で確認させてから投げるようにチェックしてあげましょう。

投げる⑫

正しいピッチングフォームを身につけるために
肘の上げ方を教えましょう

難易度
★★★
適正人数
1～5人

チェック　腕を振り上げる時に、背中の壁に肘がぶつかってはダメッ！

② 投げるふり

左足を上げ投球動作に入ります。腕を振り上げる途中で、ボールを持った右肘が背中側のネットにぶつかってしまう場合はNGです

レッスンポイント
肘がぶつかるかのチェックを

極端に肘を背中側に引きながら（＝壁にぶつかってしまうように）腕を振り上げるのはNGです。肩の関節に必要以上のテンションがかかり、野球肩になる原因にもなります。また、上半身を大きく捻りながらトルネード投法のように投げるのも、子どものうちはお勧めできません。それは、上半身を支える下半身の筋肉がまだ発達途中でそれほど強くないため、腕の力に頼って投げることが多くなるからです。

① ネットから10cm離れてセット

両足の踵がネットから10cm離れたところに立ち、セットポジション（両足をそろえて投げる体勢）に入ります

③ ここでストップ

ボールを投げてしまうと、最後に指がネットに引っかかってしまうので、必ず左足を着地したところでストップします（要注意）

④ みんなでやってみよう

ピッチャー以外の野手も同じことをやってみます

⑤ ここでストップ 肘がぶつかった人は？

ぶつかった人は？と質問しながら同じ動作を数回繰り返します

○ 良い例

肘が背中側に出ていない

× 悪い例

肘とボールを背中側に引きすぎている

配置図

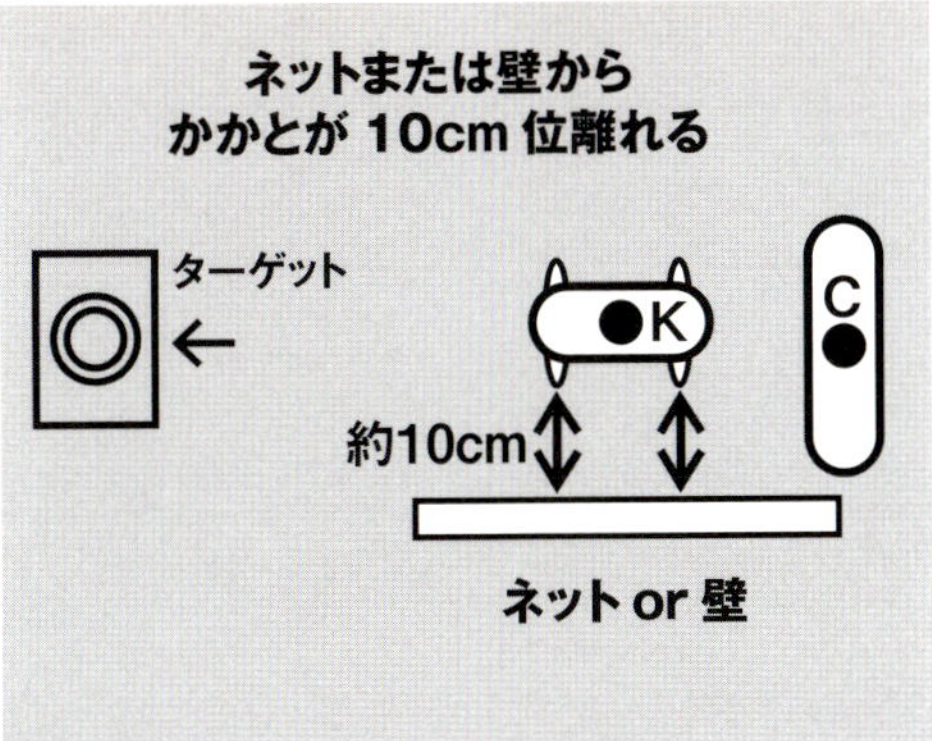

安全のために

ボールは持たないで

この練習でボールを投げると、投げ終わった時に指先がネット（壁）にぶつかってしまいます。そういった危険性があるときは、初めからボールを持たせないで練習するほうがいいでしょう。

投げる⑬

力強いボールを投げるために
下半身の捻《ひね》りを教えましょう

難易度
★★★★★

適正人数
1人

① まっすぐ立って足上げて

セットポジションをとった子どもの背中側に立ち、両腰を押さえます。「足上げて」のかけ声で、左足の膝がベルトの高さになるくらいに、しっかりと足を上げさせます

② 上げたら捻《ひね》って

左腰を軽く右側に回しながら「ハイ捻って！」のかけ声で上げた左足の膝が、右腰よりも右側にくる位に腰（下半身）を捻ります

×悪い例

捻りのない、だらしないフォーム

○良い例

捻りの入ったフォーム

レッスンポイント
豪速球への第一歩「下半身の捻り」

速い球を投げるためには、下半身の捻りが必要です。下半身を捻ることにより、体幹と呼ばれる胴回りにある腹筋などの筋肉群と、下半身にある太く強い筋肉群の筋収縮から起こる大きなパワーが、投げるボールに伝わるからです。

身体で覚えさせたい
ヒップファースト

身体を捻ったまま、お尻を突き出

③ 捻ったままでステップを！

捻ったままの形でしっかりと両腰をおさえます。その体勢で子どもの身体を支えたまま「ハイッ！横にステップ！」のかけ声をかけ、大股（子どもの）で一歩くらいのところに左足が着くように、身体全体を左側（キャッチャー側）に動かします。子どもの身体が、かなり重たく感じます。

④ ヒップファースト！お尻から

捻ったままの体勢で、左足を着かせます。その際に、お尻を先行させながら（お尻の左半分をキャッチャー側に向けながら）横移動していきます。この動きを「ヒップファースト」と名付け、子どもたちに意識させます

すように横移動（スライド）する「ヒップファースト」の動きを、子どもに印象づけるためには、①から④までの動きを数回繰り返す練習を行ないます。コーチに負担がかかるため、「学年の数×3セット」（5年生ならば、5回を3セット）くらいで充分です。

ステップを繰り返すレッスンは
体力のある人のみ

小学生といえども、片足で横移動する子を両手で支えながら、子どもの動きに合わせて自分も移動するこのレッスンの補助は体力が必要です。繰り返しステップさせるのは、体力に自信がある人のみ実施してください（ギックリ腰に要注意）。補助するのが難しそうな場合には、連続させないで1回ごとに区切ってステップさせてください。

投げる⑭ からだ全体を使って投げるために

体重移動スローを教えましょう

難易度
★★★★

適正人数
1〜6人

レッスンポイント

左→右→左

身体を大きく使うために反動をつけて身体を動かします。「イチ！」で左に、「ニィ！」で右に、「サン」で投げる。このかけ声でリズムを作ります。コーチも子どもと同じリズムで体重移動しながら補助を行うと、うまく教えることができます。

レベルアップ

遠くに投げてみる

近距離（10ｍ以内）からのネットへのスローで体重移動のコツがつか

❶ おへそを左に

子どもの背中側に立ち両腰を持って、へそが左膝の上にくる位までお尻をずらします

❷ こんどは右に

いったん左にずらしたお尻を、リズムよく右側（へそが右膝の上くらい）にずらします。この時、左足のつま先を空に向けます

❸ 投げるよ！

右に移したお尻を再び左側にずらしながらボールを投げます

❹ シュッ!!

ターゲットに向けて投げます。投げる時には、子どもから一歩離れても良いでしょう

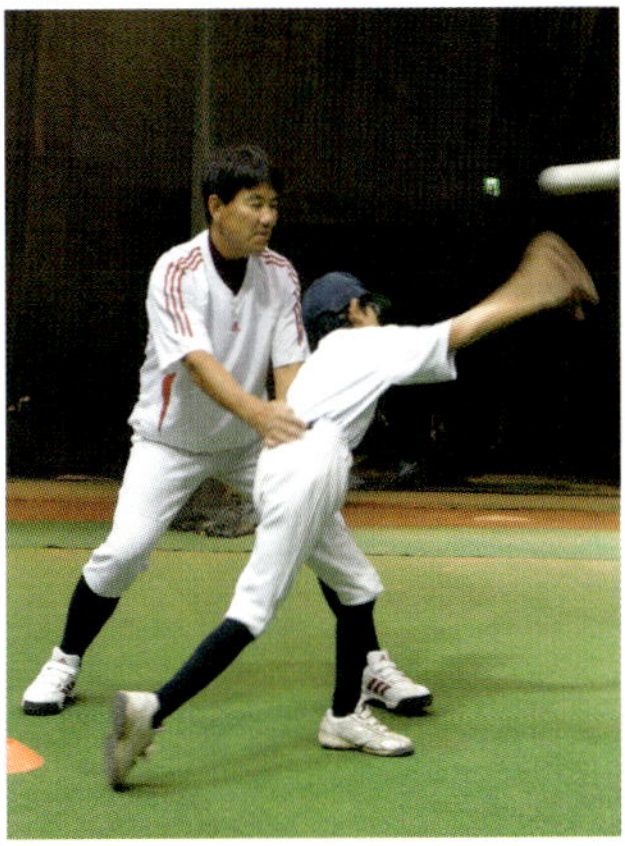

めてきたと感じたら、キャッチボール形式で少し距離を離れて投げてみましょう。3・4年生ならば16m（上級生の投本間）、5・6年生ならば約23m（塁間）くらいがいいでしょう。

レベルアップ（2人1組）

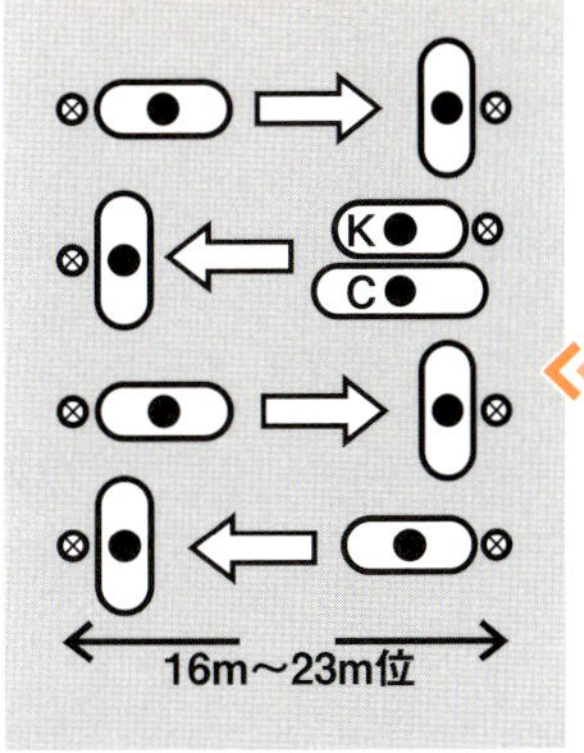

配置図

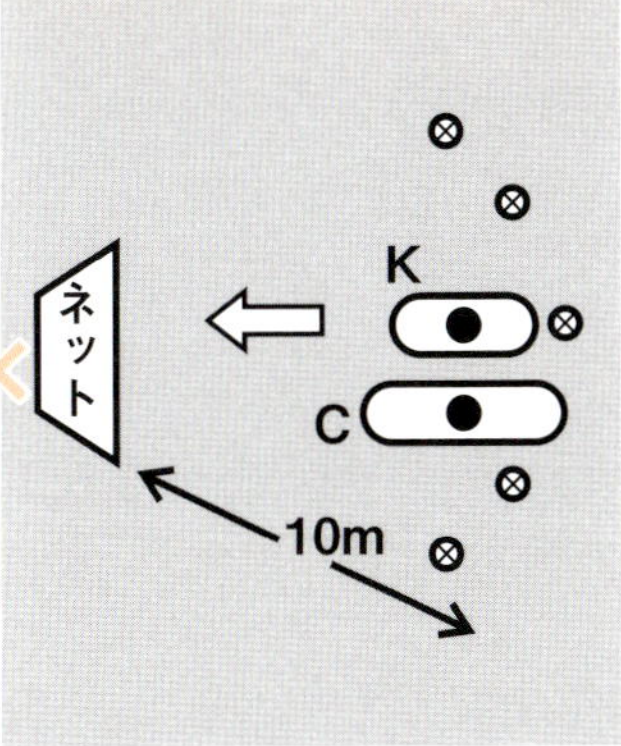

投げる15 速い球を低目に投げ込むために

リリースポイントを前にする方法を教えましょう

難易度 ★★★★

適正人数 1人

❶ まずはチェック

投げるふりをして、横に座るコーチの指先をさわるようにします

豆知識

リリースポイントとは

投げるときにボールを離す位置のことをいいます。ポイントが〝前〟とは〝打者より〟ということです

❷ もっと前で！

子どもの指先から、自分の指先を15cmほど引き離し「次はここまで」と目標を決めます

❸ ここまでタッチ！

もう一度、投げるふりをします。子どもの指先が、コーチのずらした指先に触れればOKです。（指先がぶつからないように注意しましょう）

レッスンポイント①

15センチ前に

まずマーカーを3個セットします（配置図を参照）。右足のつま先をマーカーに置き、そこからシャドーで（ボールを持たないで）投げるふりをして、横に座るコーチの指先をさわるようにします。伸ばし切った指先の真下にマーカーを置き、ステップした左足のつま先にもマーカーを置きます。もう一度、同じ体勢をとり、コーチは子どもの指先から15センチほどホーム側に、自分の指先を引き離します（写真の②）。

④ その感じで投げてみよう

ボールを持って投げてみます。コーチはマーカーの位置と見比べてチェックします

⑤ OK!!できている

指先がどこまで届いているか？　コーチは一瞬の指先の通り道をチェックします

豆知識

ちなみにプロの投手が投げる時の歩幅は、6足半くらい。小学生の場合は、4～5足程度です。身長の差や、股関節の柔らかさで歩幅は違ってくるので、平均にあまり拘らず自分の歩幅の変化を大切にしましょう。

配置図

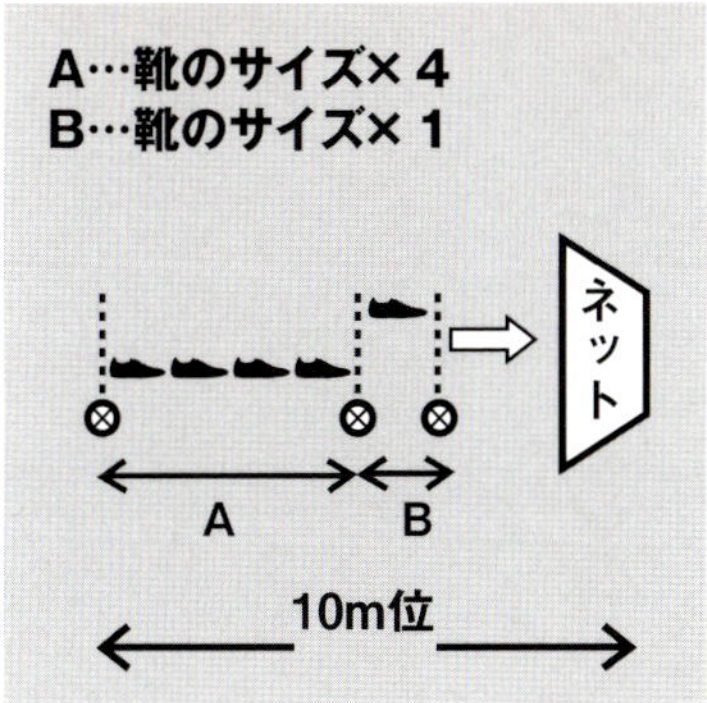

⊗はマーカー

レッスンポイント②

決め手は下半身

元の位置に戻り再びシャドーで投げるふりをします。子どもは指先が15センチ先のコーチの指先に届くように、ホーム側にジャンプするように動いてきます。ステップした左足が、最初の位置よりもホーム側（前）になっていることを子どもと確認しましょう。

投げる⑯

楽しみながら上達するために

的当てゲームでレベルアップする楽しさを教えましょう

難易度 ★★

適正人数 2～6人

配置図（5年生が3人の場合）

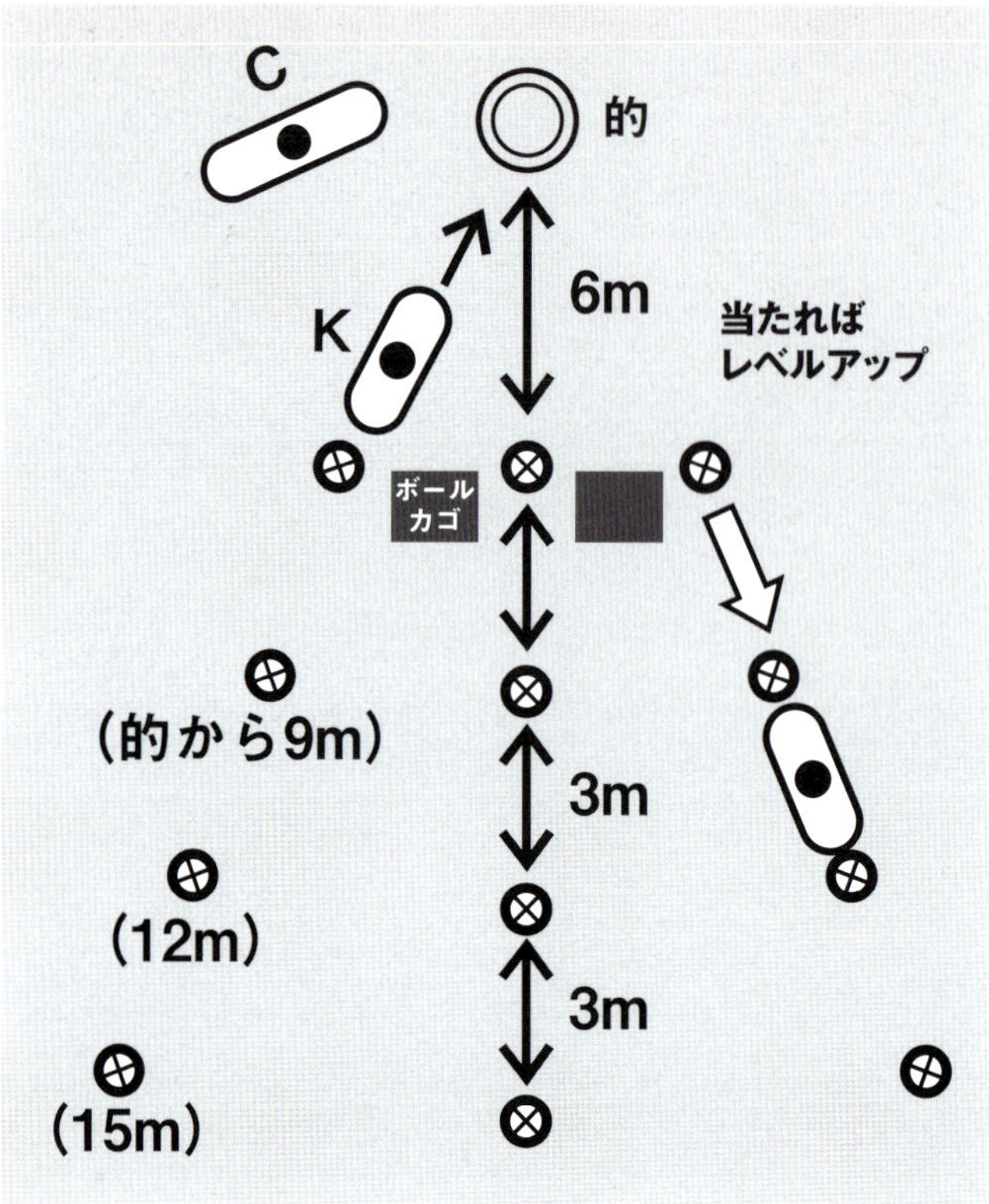

ネットにつり下げたマーカーを的にします。的から6ｍくらい離れた足元に最初のマーカー（レベル1）を置き、そこから3mおきにマーカーを置きます。ボールの入ったカゴをマーカーの後ろ側に置きます。４個目のマーカー（的から15m離れたところ）を最高レベルのレベル4とします。低学年の場合は、マーカーよりも大きい物（ビールびんのケースの底など）を的にするといいでしょう

レッスンポイント

レベルに応じた配置が鍵

このゲームで気をつけたいのは、レベルに応じた距離の設定です。最初の位置（レベル1）は、参加者が全員当てられそうな距離から始めましょう。最終レベルの設定は、5回に1回くらい（20%）成功できそうな所がいいでしょう。

キーワードは

〝レベルアップ〟と〝50：50〟

ゲームの最中に〝レベルアップ〟という言葉をたびたび使います。「う

① 当ててみよう

レベル１の位置から、「ハイッ」のかけ声とともに的に向かってボールを投げさせます。コーチは、子どもの投球フォームのことなどには触れずに、当たったか・外れたかをチェックします

② 〝ヨッシャー!!　レベルアップ!〟

的に当てた子は〝ヨッシャー〟と喜びます。コーチは「ハイッ！○○君はレベルアップ！」と褒めて、次のマーカーへ移動させます

③ ココ目がけて

ゲームが進行していくと、いろいろなレベルに子どもが分かれます

④ せ〜の　ハイッ!

たとえば「レベル４から当てた人がチャンピオン」などと決めてゲームを盛り上げます

まくできたら、次に進める」という、わかりやすい決めごとが、ゲームを盛り上げて上達を促します。また〝50：50〟とは、成功が50％・失敗が50％のことです。子どもにとって、半分は当たって半分は当たらないという設定（この場合は的までの距離）がやる気を引き出し、継続させるのにちょうどよい加減となります。子どもに野球を教える時に、この〝レベルアップ〟と〝50：50〟は、様々な場面でたいへん役立ちます。

夢中になれる一瞬を
コーチも一緒に遊ぼう！

的に当てた子は素直に喜びます。ガッツポーズをしたり、ハイタッチをしたり喜び方は様々です。この一瞬が上達につながります。また、時にはコーチも一緒になって遊びましょう。子供の目線に立つことも大切です。

Column

バットの重さについて

野球スクールに通う子の保護者の方から「家の子のバット、軽すぎますか？」などの質問をいただくことがよくあります。

単に学年や身長だけでは、適したバットのサイズは決められないものです。同学年でも背の高い子も低い子もいます。同じ身長でも太い子もいれば細い子もいます。野球の経験年数や、もっと言えばスイングのタイプによってもジャストサイズが変わってくるからです。インターネットで「バット　重さ　長さ」などと検索すると、サイズの一覧表や、腕の長さやなどから適したサイズの求め方などが出てきます。新しいバットを購入する際の目安を知るには役立つようですが、やはり「その子に合った」を選ぶには、身の回りにいる野球経験者の前で、お友達（多くの場合は学年が少し上の子）からバットを借りて、実際にスイングをして（打ってみて)、「このサイズのバットならば使っていけるか？」を判断してもらうのがいいでしょう。（その場合には、ご自分ではかりとメジャーを持参していった方が良いでしょう。ほとんどの子は、自分のバットの重さや長さは知りませんから…）

参考までに私の息子（体型は細身）が、小学生時代から使っていたバットの重さと長さを紹介します。

（○のバットは写真には写っていません）

○年長、小学１年生 …200 グラム／ 60cm（プラスチック製）
①小学１・２年生…460 グラム／ 68cm
②小学３・４年生…520 グラム／ 72cm
③小学４・５年生…550 グラム／ 75cm
○小学５・６年生…540 グラム／ 78cm
④小学６年生　 …580 グラム／ 78cm
○中学１・２年生…720 グラム／ 82cm
○中学２・３年生…800 グラム／ 83cm
⑤高校生　　　 …900 グラム以上／ 85cm

バットを選ぶ時に、いちばん気をつけてもらいたいのは「重さ」です。日々成長していく子どもの場合、ジャストサイズのバットを選んでしまうと、使える期間が短くなります。だからといって重すぎるバットを使う事は NG です。重すぎるバットは、成長期の身体への負担が大きいことに加え、スイングを悪くしてしまうケースが多いからです。自分がここだと思うところにバットのヘッド（打つところ）が出てこない→それによってつまる（ミスヒットする）→つまるのをいやがり、早く打ちにいく→体が開く→打てない　という悪循環です。松井秀喜選手は、体重 100 キロの時に 930 グラムのバットを使っていました。ということは、体重の 100 分の 1 にも満たないバットを振っていたわけです。体重が 30 キロの小学生が 500 グラムのバットを振っている。これだけでも立派なことです。確かに重いバットで打ったほうがボールは飛びますが、重すぎないバットを使うことをお勧めします。

第2章

捕る

捕る①

しっかり捕るために 指の動かし方を教えましょう

難易度
★★

適正人数
1～3人

① 小指と親指で

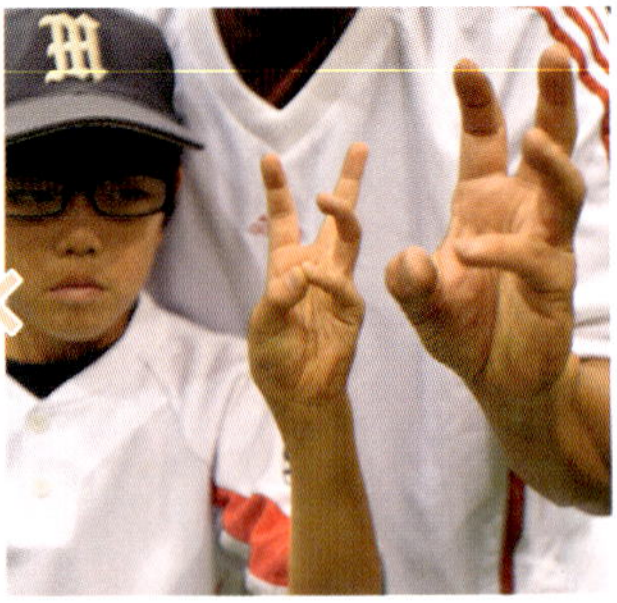

子どもの背中側に立ち、左手の小指と親指をつけてキャッチする時の動きをします

② “きつね”はダメ！

親指と中指と薬指で“きつね”の形を作ります。「きつねを作るような動かし方だと、ボールが落ちちゃうから捕れないよ」と教えます

ボールを包むように

グローブをつぶすように

レッスンポイント①

意外と難しい“捕る”

幼児や低学年のレッスン中に、「打つことや投げることよりも、捕ることのほうが難しいのだな」と感じることがよくあります。「ちょうだいな」のように、手のひらを上向きに使うことは、赤ちゃんの時から慣れているけれども、高い球を捕るときのように、指先を上に向けて動かすことには慣れていないからでしょう。始めたばかりの子のほとんどが顔にきたボールを捕る時に、手のひらを上向きにして捕ろうとします。

③こうやって捕る

ボールを使い、「小指と親指を動かして捕るんだよ」と教えます

④捕ってごらん

1メートル以内の近いところから、素手で左手を構える子どもにフワッとボールを下手から投げます

⑤キャッチ!

ボールをつかむタイミングに合わせて「キャッチ!」のかけ声を。最初は、左右や上下に投げないで、出している手のひら目がけてトス（下投げ）してください

ここに注意

小さな子はグローブを動かせない

指が短い・握力が弱い・グローブが固い（新しい）などの理由で、素手ならば指は動いても、グローブをはめると指を動かせない子がたくさんいます。固いグローブを柔らかくするためには、使わない時にボール（ソフトボールがよい）を挟んでから紐などで縛っておきましょう。

レッスンポイント②

できることを増やしていこう

いきなりグローブを持たせて、遠いところからビュン！　ポロッと落としたとたんに「しっかり捕れ！」…これでは、捕るのが嫌になってしまいます。まずはできることから。捕れる楽しさを感じたところで次のステップに進みましょう。

捕る②

始めたばかりの子が捕れるようになるために①

グローブの動かし方を教えましょう

難易度
★

適正人数
1～3人

① グローブ向けて

子どもの背中側に回って、グローブの親指側と小指側を持って、丸めるように動かします

② ボールがくるよ

持ったボールが飛んでくるように動かして、グローブを閉じる準備をさせます

③ キャッチ！

ボールがグローブに入った瞬間にグローブを閉じ、捕らせます

レッスンポイント①

素手からグローブへ

できれば素手でボールを捕る前ページのレッスン（指の動かし方）をやってから、グローブをはめたこのレッスンに入ったほうがスムーズに練習できます。

レッスンポイント②

グローブパチパチ

買ったばかりのグローブの指は固くて動きません。ボールを入れてひもで縛って枕にして寝たり、テレビを見ている時に「投げては捕る、投

しっかりキャッチ

④投げるよ

今度は正面にまわり、1メートル位の所からトス（下手投げ）します

⑤キャッチ!

グローブの中心（ポケット）でパチッとキャッチさせます

げては捕る」を繰り返せば少しずつ柔らかくなっていきます。パチパチと動くようになるまでは時間がかかるものです。

レッスンポイント③ 捕らせるトスを

前ページのレッスン同様に「ボールを捕らせる」ことをたくさん体験させることが大切です。グローブの真ん中（ポケット）を目がけてトスしましょう。正面の近くからトスしたボールが捕れるようになってきたら、少し離れたところからトスしたり、フライをトスしたり、ワンバウンドのボールを捕らせたりと変化をつけましょう。捕れたり捕れなかったりぐらいの割合で練習すると、子どもが飽きずに練習できます。

捕る③

始めたばかりの子が捕れるようになるために②

右手の動きを教えましょう

難易度
★

適正人数
1～3人

①へそより上は…

子どもの背中側にまわり、グローブを左手で持ち、右手で右腕を持ちます

②横からフタを

ボールを捕ったふりをして、右手をグローブの親指の外側から添えさせてフタをします。この時「パチパチ」と声をかけます

③へそより下は…

今度は、手の甲を下に向けて、ポケット（捕る面）を上向きにします

④上からフタ

同じ要領でグローブの上からフタをするように右腕を動かします。この時にも「パチパチ」と声をかけます。両方のフタを練習したら、コーチが正面にまわり、1メートル位の近いところから下手からボールを投げて「横からフタ」「上からフタ」をやってみます

レッスンポイント①

フタをして捕る

握力の弱い小さな子ども（4年生ぐらいまで）は、グローブだけで捕球することが難しい場合が多いです。「右手でフタをする＝両手で捕る」ことによって、捕りやすくなります。ボールを捕る喜びを感じさせてあげましょう。

レッスンポイント②

捕ってからフタ

いざボールが転がってくると、捕る前にフタをする子や、指先をボー

へそから下

○良い例

上からフタ

△まずまず

横からフタ…悪くもないけど

へそから上

○良い例

横からフタ

×悪い例

前からフタ…ボールが指にぶつかるよ

ルに向けてふたの準備をする子、グローブより前に手を出してしまう子がいます。いずれもNGなので「捕ってからフタ　捕ってからフタ」のかけ声を。

レッスンポイント③ わかりやすい表現を

「フタをする」という言い方は、子どもたちにわかりやすいようです。「ワニさん、パクッ！」と言いながら、まるでワニが口を開け閉めしているようなジェスチャーをしながら、年長さんくらいの小さな子どもたちに楽しく「右手の動き」を教えている若いコーチを見たことがあります。子どもたちは、とても楽しそうにゴロキャッチの練習に励んでいました。その他にアニメ「ドラゴンボール」のかめはめ波の両手も同じようなかたちになります。

捕る④

どんな球も捕れるようになるために グローブの向けかたを教えましょう

難易度 ★

適正人数 1～10人

① かまえて

② ハイッ 上！

歯切れのよいかけ声とともに、ボールを持った手を上に動かします。子どものグローブのポケット（左の写真）が自分の方に向いているかチェックします

③ ハイッ 左！

いったん①にボールを戻します。そこから、少し間をおいて持ったボールを、子どもから見て左側に突き出します。②と同じくポケットをチェックします

④ ハイッ 下！（ゴロだよ！）

③と同じくかけ声とともに今度はボールを下に動かします。立ったままの体勢でグローブのみ下に向けさせてもいいのですが、写真のようにゴロを捕る格好をさせてポケットを向けさせてもいいでしょう

レッスンポイント

ハンドワークは教えやすいレッスン

この練習法を「ハンドワーク」といいます。ハンドワーク＝手の動きを教えるこのレッスンは比較的簡単に実施出来ます。かけ声の間合いと、はっきりした動作（ボールを突き出す動き）、指差し確認などができれば成立します。

ここをチェック

バックハンドは向けにくい

グローブを身体の右側に出して捕

グローブのポケットとは…

ボールを捕りやすい場所をいいます。一般的に、親指の内側と人差し指の内側で作るカーブ曲線の真ん中あたりがポケットです

⑤ハイッ　右!　バックハンドだよ

次はボールを子どもから見て右側に素早く動かします。この時、ポケットが地面を向く子が多くいます。1人ずつポケットを見ながら指差し確認をするようにチェックするのもいいでしょう

⑥ポケット向けて

様子を見て、グローブを持ってポケットの向きを直します

豆知識

グローブの重さは約500g、片腕の重さは約2キロkg（体重が40kgの場合）です。合わせて、2・5kg。小学生にとっては、けっこう重たいものです

配置図（10人の場合）

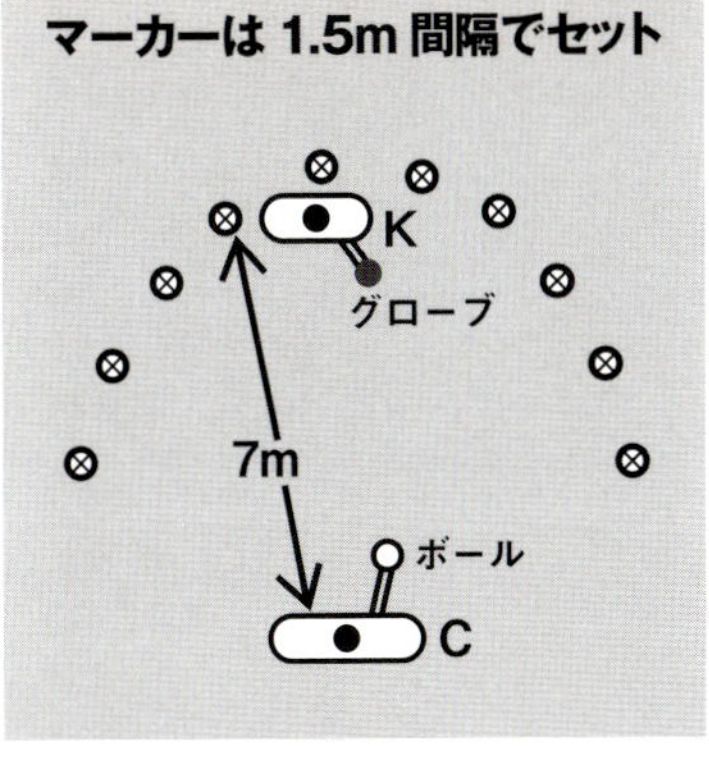

る動きを「バックハンド」といいます。子どもはバックハンドの時に、ポケットをボールの方向に向けることが意外とできません。特に腕の力のない子にとっては、難しい動きとなります。コーチのチェックで、ポケットの向きをしっかりと意識させましょう。

捕る⑤ より確実な捕球と素早い持ち替えのために

右手の位置を教えましょう

難易度 ★★

適正人数 1～10人

❶持ち替え　ヨーイ

グローブにボールを入れ、右手をグローブのすぐ横に置きます

❷ハイッ！

かけ声とともにグローブの中のボールをサッと右手で持たせます（持ち替え）

チェック「両手で捕れ!!」と大きな声を出すよりも…『右手はグローブのそばに!!』

ボールを捕る時に、両手で捕ろうとするよりも、片手で捕る（シングルハンドキャッチ）ほうが、腕の動きが自由になり、動かせる範囲も広くなります。身体の上・下・横にそれた球を捕る時や、自分の身体が激しく動いている（例：外野手が走りながら捕る）ランニングキャッチの時に便利です。

しかし、だからといって片手で捕ることだけを教えるのもNGです。捕る人の顔や胸の前にきたボールは、片手で捕るよりも右手を添えていわゆる「両手で捕る」ほうが捕り損ねが少ないからです。

多くの大人にも子どもにも「両手で捕る」は○で、「片手で捕る」は×という概念があります。大人にも子どもにも、〝時と場合での使い分け〟は難しいものです。そこで私は「両手で捕れ」とは言わないで『右手はグローブのそばに』という掛け声を多用します。結果的には同じ動きですが、「右手をそばに」の場合は、左手の動き＝グローブの動き　に制限を加えないプラスαのかけ声になっていると思われるからです。

そして、子どもたちには「右手をグローブのそばに」のメリットを感じさせることがすぐにできるのがこのレッスンです。

レッスンポイント①
比べて実感させる

私は、教えたいポイントに合わせて、同じような2つの動きをやってみて、本人に比べさせて、みんなに結果を聞くという指導手順をよく行ないます。〝自分で感じる〟〝身体で感じる〟ことにより、小学生ながら「なるほど、なるほど」という表情を見せます。

レッスンポイント②
聞いてみる

子どもたちを集めて、「これはA

③右手を背中に

今度は、右手を背中側に回して用意させます

④ハイッ!

②と同じように持ち替えさせます

⑤質問します

「右手がグローブのそばにある時と、そばにない時のどちらが早く持ち替えができたかな?」と質問してみます

配置図(10人の場合)

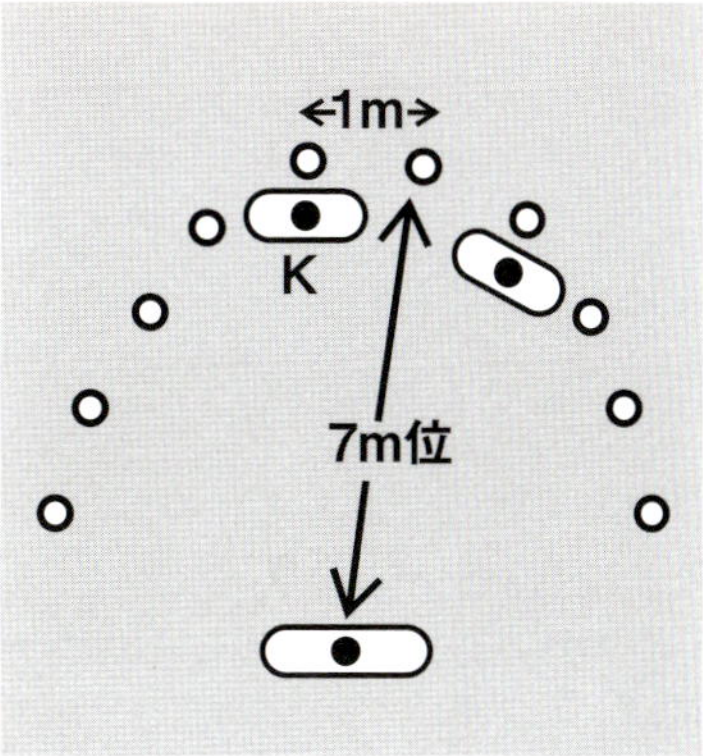

君、これがB君」と二つの違った動きをしてみて、「どっちがカッコいいかな?」「どっちが力が入るかな?」「どっちがやりやすいかな?」などと質問します。子どもは正直なので、見たまま・感じたままに答えます。「どっちかな?」と考える時間を子どもに持たせることも大切です。

レッスンポイント③ 止まった形をつくる

コーチ自身に野球の経験がなくても、本書の良い例・悪い例などを参考にして、まずは止まった型をつくって教えてみましょう。レッスンの前に、子どもに見せたい姿をあらかじめ鏡や携帯カメラでチェックしておくといいでしょう。

捕る6

守備範囲が広くなるために①

外野フライのスタートを教えましょう

難易度 ★★

適正人数 1～4人

❶肩を引いてスタート

斜め後方のフライを捕りに行く時のスタート練習です。子どもの背後に立ち、両肩に手を置きます。「肩を引いてスタートするんだよ」と声をかけ、打球方向の肩を軽く引きます

レッスンポイント①

後ろが捕れれば名外野手

私が中学生の時、ジャイアンツV9を支えた柴田外野手を育てた、野球部の森 新先生（横浜市立蒔田中学→同永田中学元教諭）がいつも仰っていました。「外野手は後ろのフライが捕れれば名選手だ」と。当時はその意味を十分に理解できていなかったのですが、後ろのフライが捕れれば長打が防げるし、ランナー2塁でも守備位置が前にとれるので、ランナーコーチがサードで止めることも多くなります。

❷ハイッ！　ゴー！

「ゴー！」のかけ声とともに、右肩をグッと引きスタートさせます

配置図

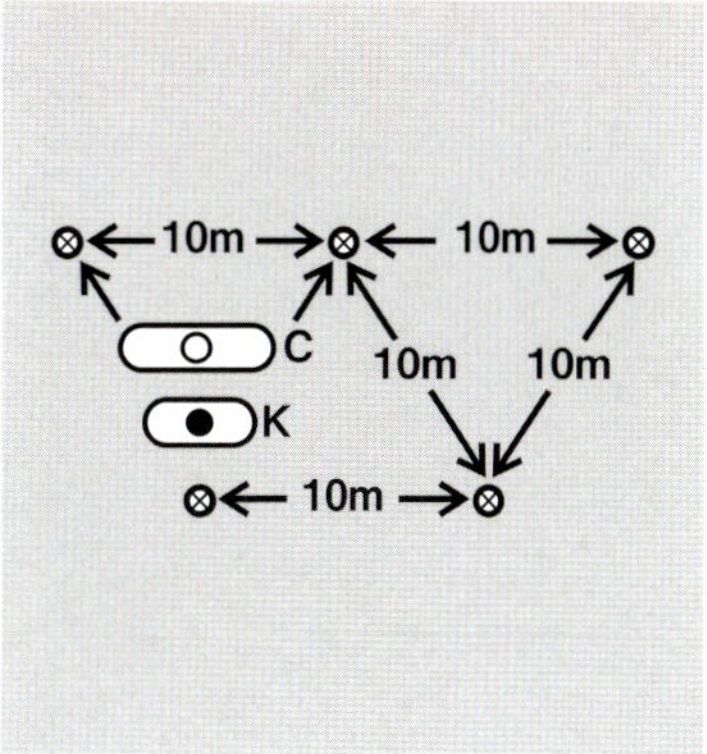

レッスンポイント②

肩を引いてスタート

斜め後方のフライを捕るためにスタートする時、身体のどこから動かすのが正解か？　改めて聞かれると返答に困ります。走り出すのだから「足から」か？　おすすめは「肩を引いてスタートする」です。たとえば右後方のフライを捕るために走り出す時には、右肩を後ろに引いてスタートする。やってみると実にスムーズに走り出す子どもが増えます。これは、元阪急・巨人の名外野手・簑田浩二さんがプロ野球OBクラブ主催の指導者勉強会の際に伝えてくださった貴重な教えです。

捕る⑦

守備範囲が広くなるために②
外野フライの追いかけ方を教えましょう

難易度
★★★

適正人数
1 ～ 4 人

レッスンポイント①
1か所を見たままで

校庭などの場合は屋上の角など、体育館なら緞帳の校章など、外野フライの高さと同じくらいの1か所を決めて、そこから（打球から）目線を切らないようにしながら、身体は横向きに走れる練習をします。中学生以上になったら一旦打球から目線を切って、後方のフライを追いかける練習も必要になります。

❶ 1ヵ所を見て

打ちあがった打球を想定して、目印を決めます。子どもは目印を見たままスタートに備えます

❷ スタート！

コーチのかけ声とともに、肩を引いてスタートを切ります

✕ 悪い例

自動車バック

身体の向きを変えられずに後ろに下がる様を「自動車バック」といいます。へその向きを変えられずに下がるのはNGです

プラス・チェック

スタート～走りができてきたら

肩を引いてのスタートと、目印を見たままの横向き走りができてきたら、コーチが投げたボールを捕る練習をします。予め「右に投げるよ」「今度は左」と伝えてからボールを投げ、捕らせます。慣れてきたら「今度はどっちかわからないよ」とランダムに投げます。上手から遠くに投げることに自信のない人は、下手投げで届く距離の小フライで十分です。この練習の目的は、スタートの初期動作の習得にあります

③見たままで

走り出しても打球を見失わないために、目印から目を離さずに走っているかをチェックします

④走れー！

子どもの目線をチェックしながら、グローブを持つ左腕を振って走っているかなど、走り方もチェックします

配置図

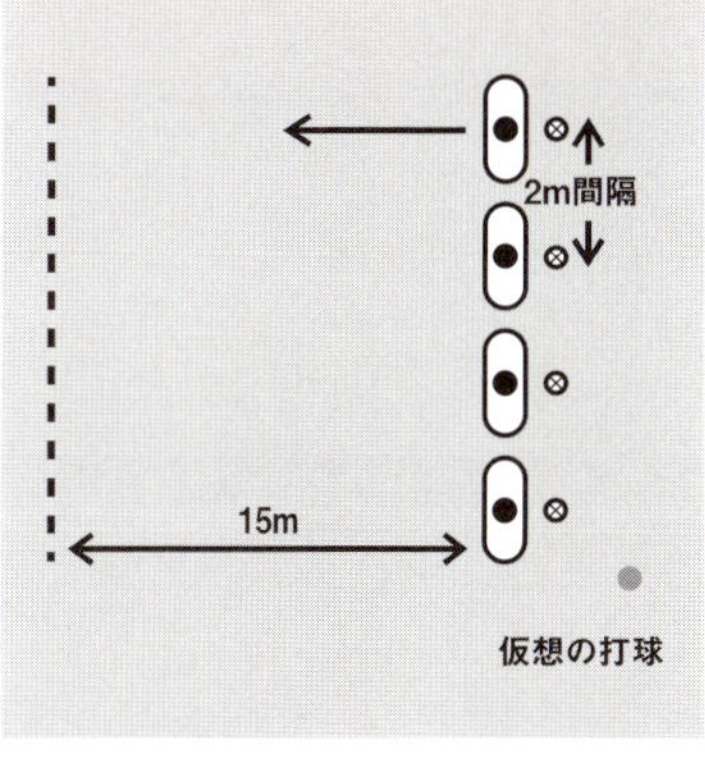

レッスンポイント②

走りをチェック!!

・足はもつれていないか？
・頭の上下動は少ないか？
・腕は振れているか？
・まっすぐ走れているか？
などもチェックしましょう。

捕る⑧

タッチアップするランナーを刺すために

フライを捕る体勢を教えましょう

難易度
★★

適正人数
1～5人

○良い例

投げやすい体勢を
軽快に
➡好返球になりやすい

×悪い例

投げにくい体勢を
おおげさに
➡悪送球になりやすい

レッスンポイント①

後ろから

かかと体重にならないためには、ボールが落ちてくる場所（＝落下地点）を素早く判断して、その地点よりも予め2mくらい下がっておいて、そこから前に進んでいる途中でキャッチするように教えます。

プラスαその1

こんな方法もある

「捕る時の格好によってこんなに違うんだ」と子どもに感じさせる簡単な練習メニューを紹介します。

❶投げるよ

子どもと3mくらい離れたところから、下手投げで小フライを投げます

❸つま先体重　〇良い例

この体勢でフライを捕れると、投げやすいです

❷かかと体重　×悪い例

捕る時にかかと体重になってしまうのはNGです

①ボールを持って後ろに歩きながら投げる

②前に歩きながら投げる

ともに投げる距離は10mくらいで充分です。普段やったことのない①をやってみると、その違いを改めて体感させることができます。

プラスαその2

奇跡のバックホーム

現代は便利な時代です。ユーチューブで「奇跡」「バックホーム」で検索してみて下さい。甲子園大会でライト定位置の深いところから素晴らしいバックホームを投げてランナーを刺す場面を見ることができます。ライトを守る選手のフライを捕るまでの動きに注目してください。

捕る9 レベルの高い外野手になるために

真後ろのフライの追い方を教えましょう

難易度 ★★

適正人数 1～5人

この体勢では後ろに動けない

レッスンポイント① 横向き走りから反転する

打球の目測（ここに飛んでくるだろうという予想）を誤ったと仮定してボールを追いかけ直す練習です。この時に⑴スピードを落とさず⑵打球（この場合は目印）から目線を切ることなく横向きに走れるようになる練習をします。

レッスンポイント② いちばん難しい〝真後ろ〟

フライやライナーの打球が、頭の真上を抜かれる経験をしたことがな

① バック

コーチが手を上げた側の肩を引き、後ろに向かってスタートを切り走らせます

② 反転！

途中でコーチが反対の腕を上げます。目印を見たまま、身体を反転させて走り続けます

い人（ほとんどの人）には、意外な感じがすると思いますが、真後ろのフライは、打球との距離感をつかみにくく捕りにくいものです。難しい真後ろのフライが捕れれば、レベルの高い外野手になれます。

ここに注意

まずはゆっくりから

反転する際に足がもつれて転倒…などということがないように、始めは50％の速さで走るようにします。転倒して頭を地面に打ったりするとたいへん危険です。小学4～6年生になると、走りにスピードがつくので、この練習時は「競争するよ」はNGです。

捕る10 低く速いゴロの捕り方を覚えるために

ゴロ捕球の基本となる姿勢を教えましょう

難易度
★★★★

適正人数
1～5人

❶ 足を開いて 前へならえ

肩幅よりも広め（腰骨が膝の内側）に足を開き、グローブを上に向けた“前へならえ”をします

❷ 前を見たまま 背中伸ばして こんにちは!

前を向いたまま、足の付け根（股関節）から上半身を“こんにちは”します。この時、腕は前へならえのまま、背筋を伸ばして上半身を曲げます

❸ グローブ下げて

“こんにちは”で上半身を曲げた後に、伸ばした腕をリラックスさせるために“グローブ下げて”の声で腕をだらりと下げます

❹ 膝を曲げて へそを下げる

グローブの先が地面に着くように膝を曲げてへそを低くします。この時のグローブの位置が大切です。〈悪い例 -1〉のようにグローブの位置が足元に近づかないように注意

レッスンポイント①
実際には…それでも

軟球を使う少年野球の場合、地面すれすれの打球は、ほとんど飛んできません。だからこのスタイルで打球を捕ることは滅多にありません。それでも、特に内野を守る子はこの捕球姿勢を身につけることにより、中学・高校と進むにつれて「小さい時に、あの格好を練習しておいてよかった」と思える場面に出合えます。

今はあまり関係ないようでも、大きくなって役立つ練習のひとつです。

❺ 右手を上に

姿勢ができたら右手の向きを変えます。指先を上に向けて肘を曲げます。捕球したらすぐにフタができるところにセットします

❻ ポケット向けて

最後にポケットの向きをチェックします。ポケットが空を向いていると打球をはじきやすくなりますので、指先が地面に向くように手首を緩めます

❼ さぁ来い！　完成です

背骨が真っ直ぐのまま前傾できているか？グローブの位置は合っているか？腕はリラックスしているか？腰は（へそは）下がっているか？などをチェック

✕ 悪い例①

背中が丸まって、グローブが足元に近づきすぎている　つんのめりそうな格好です

✕ 悪い例②

腰が下がっていないのでボールが股間を抜けてしまいそうです

レッスンポイント

「何となく野球っぽい！」これ大事です

時々この捕球姿勢で捕ろうとするプロ選手や高校生の姿を写真で見かけます。また、この姿勢で半分しごきのように苦しそうな表情を浮かべながら練習しているキャンプ中の選手の姿を見かけます。何となくうまい選手に近づいたような気にさせてくれる練習メニューです。

配置図（5人の場合）

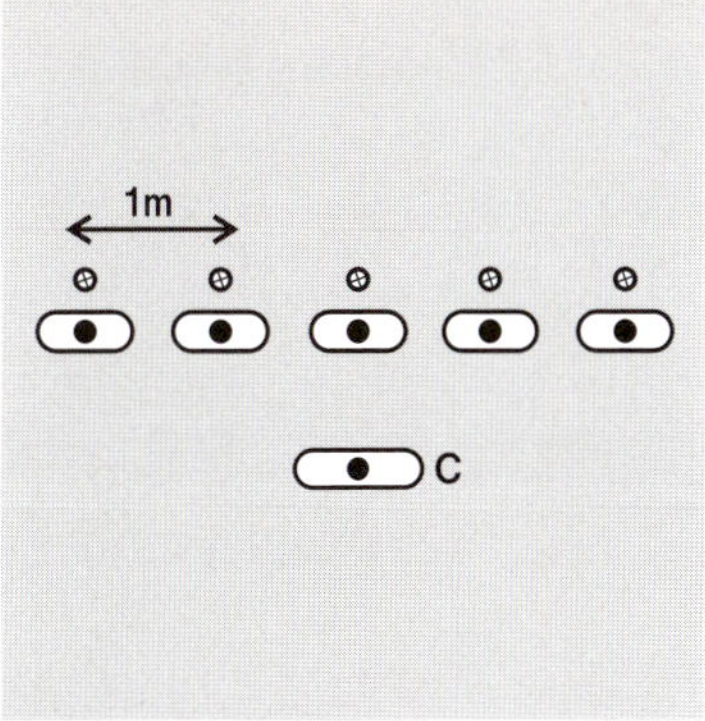

捕る⑪

上手な内野手になるために ショートバウンドの捕り方を教えましょう①

難易度 ★★

適正人数 1～5人

❶かまえて

足を大きく広げ、グローブの指先が地面に触れる程度の高さにセットする

❷投げ込み開始！

グローブのポケット目がけて自分でショートバウンドを投げ込みます。そして、その球をしっかり捕る。それを繰り返します

レッスンポイント①
ショートバウンドとは

文字通り〝小さな弾み〟のことです。左の図のⒹです（地面に弾んだ直後の位置）。

Ⓐをハーフバウンドと呼びます。一般的にハーフバウンドよりもショートバウンドの方が捕りやすいと言われています。

レッスンポイント②
グローブの向きとタイミング、それから…

ショートバウンドの送球や打球を

✕ 悪い例①

ポケットが上を向いている

③ バウンドにポケットを向ける

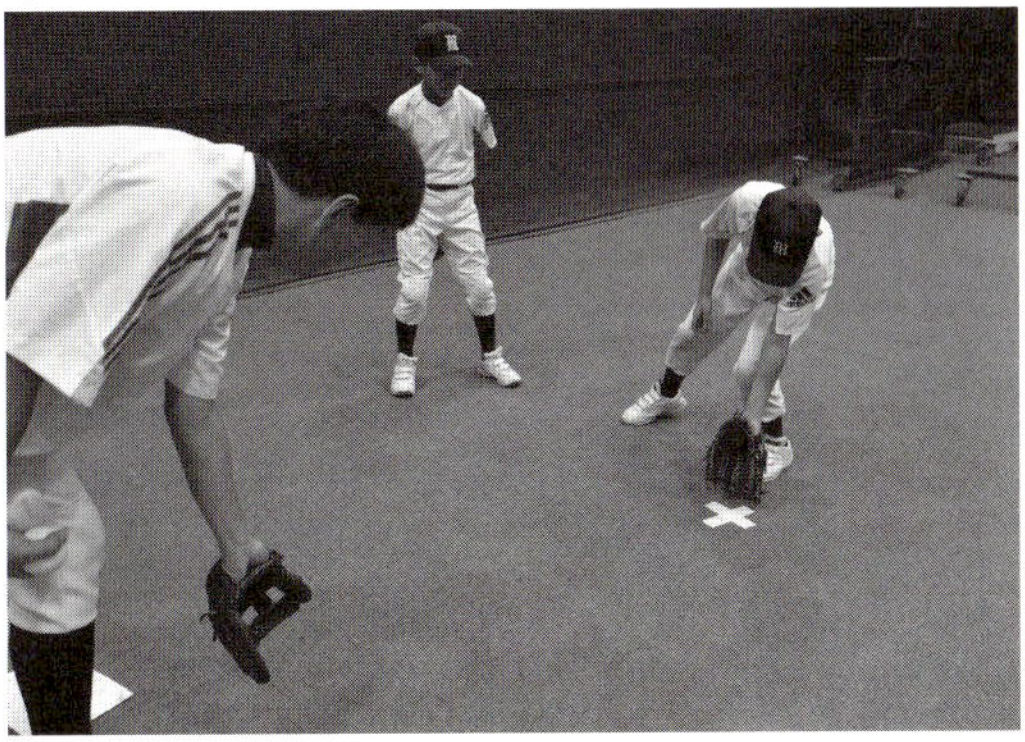

地面に×印を書き、そこがバウンド地点とする。ショートバウンドを捕る時の体勢をつくってみる

✕ 悪い例②

ポケットが上を向いている

④ しっかり向いているかな？

バウンド地点に差し出した、グローブのポケットの向きをチェックします

捕ることは簡単ではありません。左図の中のⒷやⒸに比べると難しい捕球となります。大事なことは、グローブのポケットをバウンド地点にしっかり向けることと、グローブを出したりつかんだりするタイミングをずらさないことです。加えて必要なのは〝勇気〟です。「捕れなかったらどうしよう？」と弱気にならず「捕れる！」という強い気持ちを持ち、キャッチするまで「デキる自分」を信じていることが大切です。

豆知識

バウンドの呼び方
Ⓐ…ハーフバウンド
Ⓓ…ショートバウンド
捕りやすい順→Ⓒ・Ⓑ・Ⓓ・Ⓐ

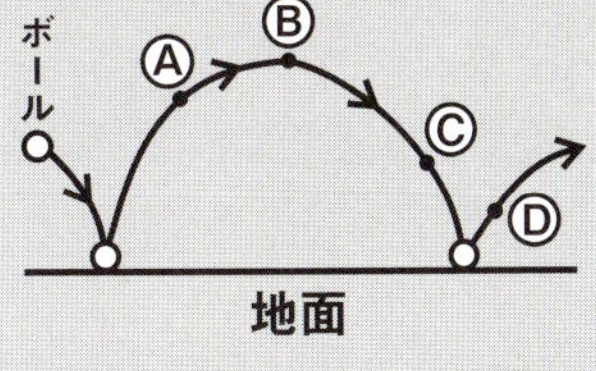

捕る⑫ 上手な内野手になるために

ショートバウンドの捕り方を教えましょう②

難易度	適正人数
★★	1～5人

これでは捕れない

これなら捕れる

これでは捕れない

これなら捕れる

レッスンポイント①

捕れる・捕れない

野球経験者であれば、子どもたちがたくさん見ている前であっても、ショートバウンドでゴロを捕ることができるでしょう。しかし、野球の経験がない人にとってはデモンストレーションをすることにためらいがあるのは当然です。そこで経験がない人にお勧めなのが「ストップモーション&スローモーション」を多用したコーチングです。

これでは

捕れない

これなら捕れる

これなら

捕れる

レッスンポイント①

教える人の見せ方

捕れるグローブの角度と捕れないグローブの角度の違いを右上の写真を見て覚えて下さい。そして止まった姿（ストップモーション）で、捕れる・捕れない、その差を子どもたちに見せましょう。見せられる子どもたちは、動きながら説明されるよりも、止まった姿で説明された方がわかりやすい場合がたくさんあると思います。

配置図

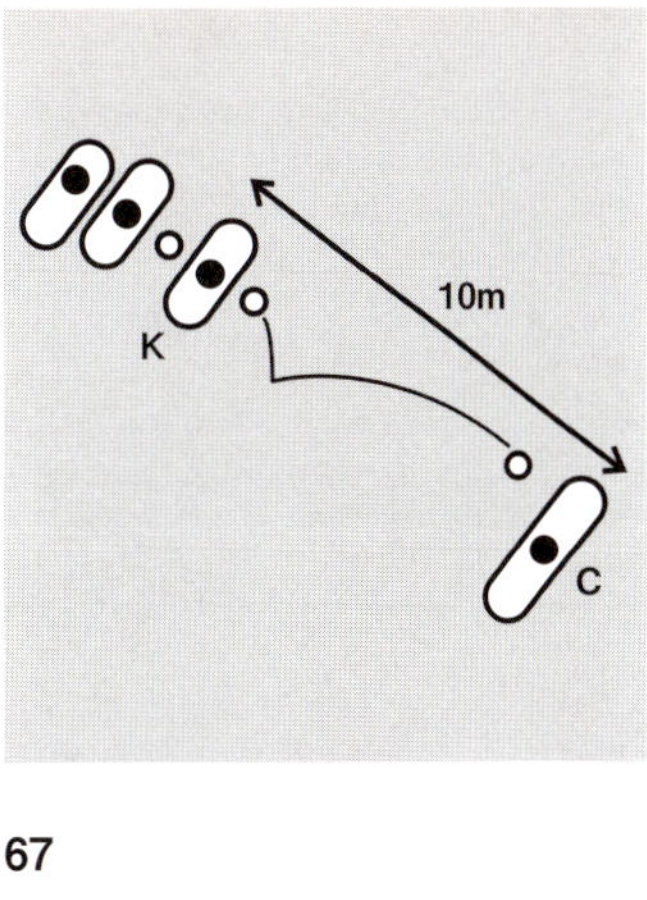

捕る⑬ 扇の要になるために①

捕手のキャッチングを教えましょう

難易度 ★★★

適正人数 1～2人

❶ ミットを止める

なるべく捕ったところからミットが動かないように教えます

❷ ミットを下げない

低目の球を捕った時にミットが下がってしまうのはNGです

レッスンポイント

ミットを動かさない

ボールゾーンの投球を捕ってから、ストライクゾーンにミットを動かすのはNGです。審判も投手も嫌がります。どのコース・高さにきても捕ったところでミットが止まるように、手のひらの向き（ボールに直角）や肘の曲がり具合（伸ばしすぎない）、体重のかけ方（前過ぎない）などをチェックしましょう。

これが大事

ミットの芯でキャッチ

❸ ミットを止める

手のひらをボールがくる方向に対して直角に向けて捕ります

❹ ミットを下げない

難しい低目のボールを捕る時に、身体（頭）が突っ込んだり、左腕を伸ばし切ってしまうと、ミットが下がりやすくなります。ボールを引きつけて、なるべく身体のそばで捕るように教えましょう

ミットの芯（ポケット）で投球を捕ると、「パ〜ン」と良い音が鳴ります。この音を聞くと調子が良くなると一流投手も言っています。また、しっかりと芯で捕ることが、盗塁された時にとても大切です。芯で捕ればボールの持ち替えが正確に素早く行えます。矢のような送球で盗塁するランナーを刺すには、〝芯で捕る〟くせを普段から身につけるように教えていきましょう。

豆知識

野球場が扇の形をしていて、キャッチャーの守備位置と扇子の軸となる留め具の部分が、同じ位置にあることから「チームの軸となる大事なポジション」という意味を込めて「キャッチャーは扇の要」といわれています

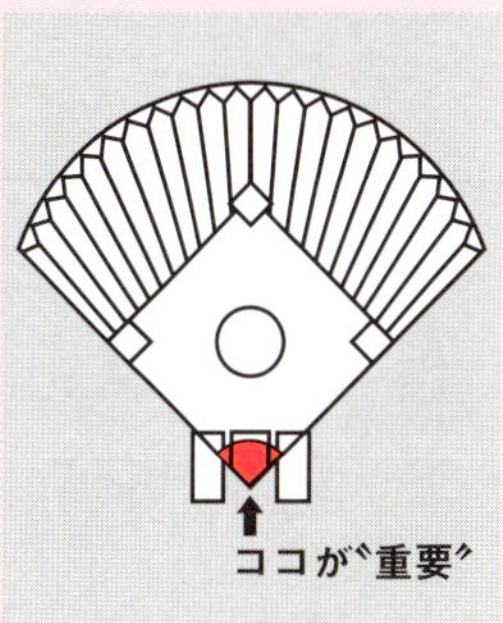

捕る⑭

扇の要になるために②

ボディーストップを教えましょう

難易度
★★★★
適正人数
1人

❶ 肩をまるくして

両肩を前に出して、背中をお椀のように丸めるように補助します

❷ すき間をなくして

股の間、ミットの隙間からボールが抜けないようにチェックします。この時、急所をミットで隠します

❸ 投げるよ!

3m 離れたところからショートバウンドを投げ込む準備をします

❹ バシッ!

ボールを投げ込みます。少しずつ距離を伸ばし、球速も上げていきます

レッスンポイント①
練習するにあたって

ボディーストップ＝身体で止めるこの練習を行う際には、防具（マスク・プロテクター・レガース）をきちんと付けているか？ファールカップ（急所をガードするカップ）は付けているか？右手は、親指を中に入れたグーにしているか？やる気はあるか？の事前チェックが必要です

レッスンポイント②
難しいのは…

ボディーストップの練習で一番難

❺ 止めろ!

止めたボールの行方を確認します

❻ ナイスストップ!

目の前にボールが止められればナイスです

ここがポイント

バウンドさせたいポイントだけを見て投げ込む

配置図

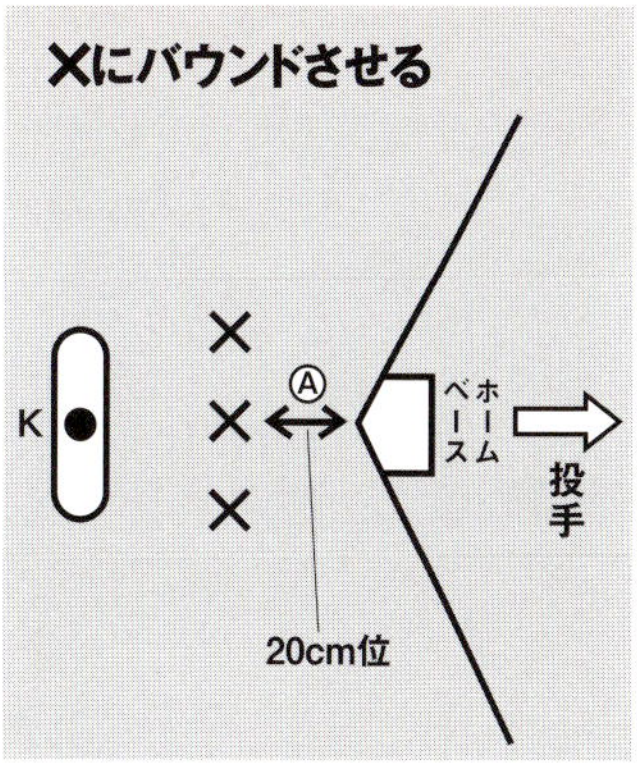

しいのは、実はコーチが投げるボールのコントロールです。ワンバウンドやショートバウンドをわざと投げるのは普段やっていないだけに、なかなか難しいことです。コツはバウンドさせたいポイントだけを見て投げ込むことです。野球の経験がなく、投げることに自信のない人は、ホームベースから2～3mのところからイスに座り、写真×印のところに線を引いて投げるといいでしょう。

なお、この練習をデコボコの地面で行うのはNGです。

Column

安全に練習するために

コーチとして、保護者として、何よりも優先すべきは「安全」です。子どもたちの近くにいる大人が「大丈夫かな？」と周囲をチェックすることを続けて、大きなアクシデントを防ぎましょう。

危険その１　バットを振ったら後ろに人が…

バットを肩に担いだ子どもの後ろにコロコロと転がるボール。そのボールを拾おうと、バットを持つ子の背後に近づいたとたん、急に振られたバットで頭を強打されてしまい〝救急車、呼んで！〟…怖いアクシデントです。近づいた子も振った子も、不意に起こった事態にどうすることもできません。当然のことですが、バットを持つ子の背中に眼はついていません。構えをとっていなくても、いつ振ってきてもおかしくありません。私は、教室の最中「バットを持つ子の背中に近づいてはダメッ！」と度々口にします。１塁側ベンチ方向にいる子が、サードの守備に向かう時に右打者の背中ぎりぎりを走り抜けることがあります。この場合のように私から見て〝危ない〟と感じた時には、強い口調で打者の背中に近づいてしまう子のことを叱ります。私は危険に関係する場面では、時には声を大きくすることが必要であると思っています。

危険その２　振った勢いで片手を離してしまう子は…

右打ちの子で、振った直後に右手を離してしまい、左手だけでかろうじてバットを持っている子がたまにいます。バットを持つ左腕は伸び切っています。そういう子が試合で（本気で）打つと、バットを投げ飛ばしてしまいます。

放り投げられたバットが飛ぶ方向は、背中側からキャッチャー側にかけての 180°（右打者の場合、３塁側のファールラインから左回りに半周まで）がほとんどです。私は、ティー練習で順番を待つ子には、打者の背中側や捕手側に立たせないで、右斜めの正面側に待機させています。そこは、バットが飛んで来にくい比較的安全な場所だからです。飛んでくるバットのスピードはかなり速いものです。十分に注意して下さい。

また、片手を離さない一般的な打ち方の子でも、バットを投げてしまうことはあります。木製のバットを使っている時、手汗をたくさんかいている時、手がかじかむほど寒い時などでは、手袋の着用を薦めています。

＊意識的に片手を離す打ち方を推奨している指導者へのお願い

振った勢いで相手捕手の後頭部や背中を叩いてしまうケースが頻繁に発生しています。野球塾などで、片手を意識的に離すメジャー流の打法を指導されている方は、打席に入る前に「振り終わったバットがぶつかると危ないので、50㎝下がってください」と自分自身で相手捕手に伝えることを、打法指導の一環に加えて下さい。また、チームのコーチをされている方は、そのような打ち方をしている相手打者が打席に入った場合には、自チームの捕手に 50㎝以上下がるよう注意して下さい。首にバットがぶつかったケースもあります。このアクシデントは、指導者が防がなければいけません。捕手を頑張る少年の将来を大人が守るべきです。

危険その３　ティーバッティングの打球が…

コーチが至近距離から下手でボールを投げて、それをネットに向けて打ち返すティーバッティング練習の時に、打球が顔面に当たってしまうというアクシデントも後を絶ちません。至近距離からの打球を避ける時間は、ありません。このアクシデントを防ぐには　①外角に投げない（107 ページの配置図を参照）②タイミングの合っていない子には投げない　これを守ってください。②については、「タイミングが合っていないかも？」と感じた場合は、投げるふりをして素振りをさせていくうちに、だんだん合ってくる場合がほとんどです。子どもの振り出しが早すぎて、バットの先に当たった打球が自分に飛んでくる。これを避けることが大事です。

第3章

守る

守る①　大切な基本を覚えるために
キャッチボールを教えましょう①

難易度
★★★
適正人数
2～10人

投げる力・捕る力・守る力をレベルアップさせる
チームで行なう・親子で行う「30分間キャッチボール」

キャッチボール10種競技

1. スナップスロー
2. ショートスロー
3. 普通キャッチボール
4. 立ち投げ(ピッチング-1)
5. 座り投げ(ピッチング-2)
6. 塁間キャッチボール
7. 塁間ケーススロー
8. 外野バックホーム(フライ)
9. 外野バックホーム(ゴロ)
10. クイックスロー

❶スナップスロー

7m位の距離で手首の柔らかさを使って回転のいいボールを投げます

(P12～P13を参照)

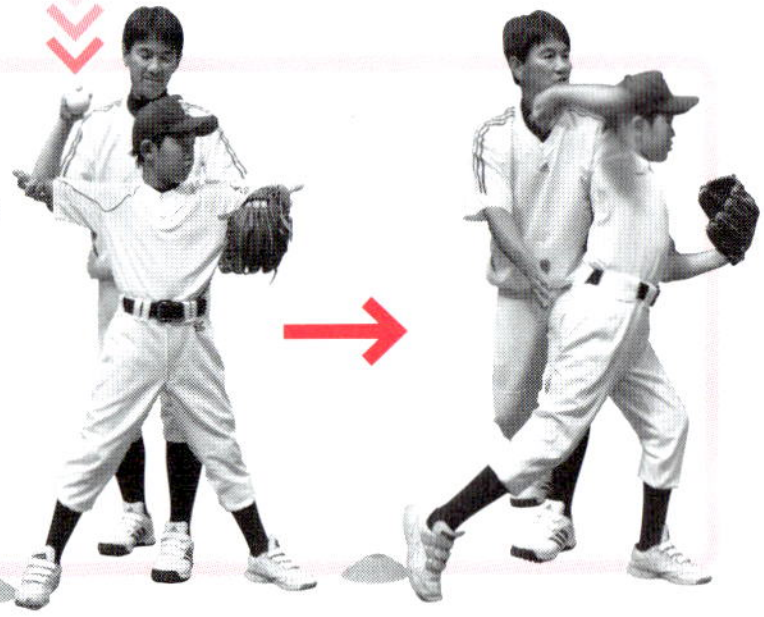

❷ショートスロー

肘を肩の高さにセットして、体の回転で投げます

(P22～P23を参照)

レッスンポイント①
大切なキャッチボール

「キャッチボールが野球の基本」と言われています。キャッチボールには、上達できる要素がたくさん詰まっているからです。このキャッチボールに、さらに様々な工夫を加えて、より上達につながる練習メニューを紹介します。1つのメニューを3分間。3分間×10種＝合計30分間で、充実した練習ができます。年間を通じてこのメニューでの練習を重ねると、半年から1年後には、大きな成長が期待できます。

❸ 普通キャッチボール

16メートル（投手～本塁）の距離で通常のキャッチボールを行ないます

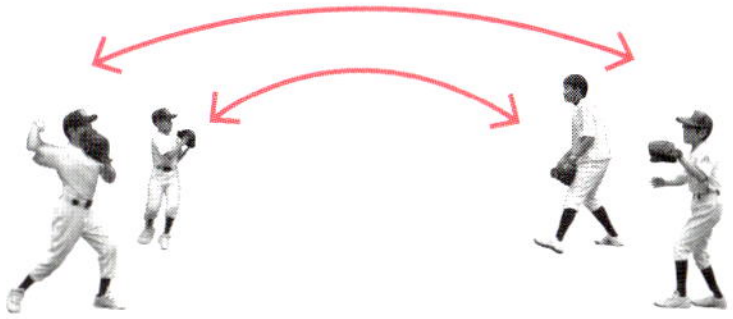

❹ 立ち投げ

セットポジションから、立ったままの相手に向けてピッチング練習を行います

❺ 座り投げ

一人がキャッチャー役になりセットポジションからピッチング練習を行ないます。
キャッチャー役の時はキャッチングの練習をします(P68～P69を参照)

❻ 塁間キャッチボール

23 mの塁間（塁と塁の距離）でキャッチボールを行ないます

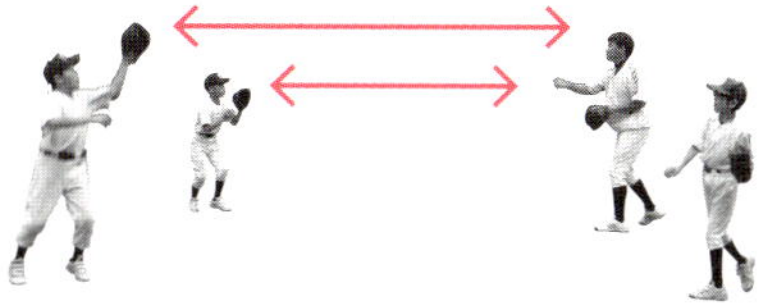

次項へ続く

配置図（小学5・6年生の場合）

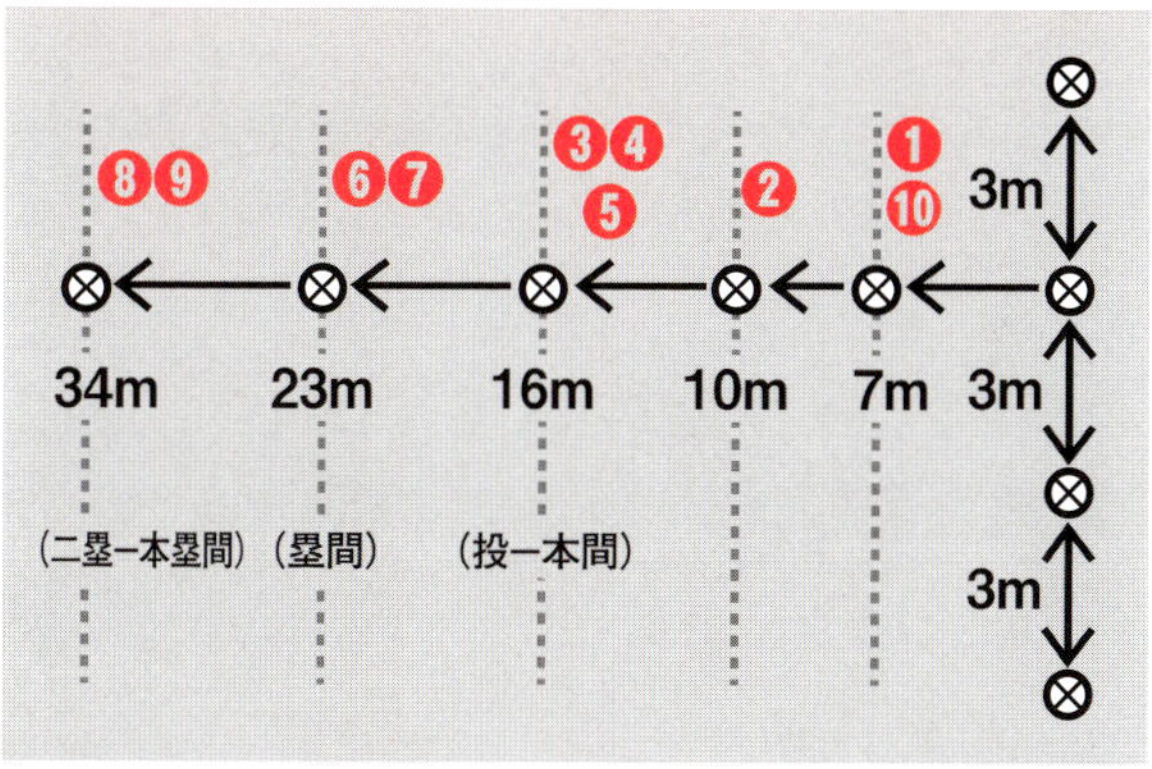

レッスンポイント②

練習内容と距離

小学生の場合に40メートル以上の投球練習をする必要はないと考えます。試合でも、40メートル位が最も遠くに投げる距離だからです。

守る②

大切な基本を覚えるために

キャッチボールを教えましょう②

難易度 ★★★

適正人数 2～10人

⑦ 塁間ケーススロー

地面に置いたボールを素早く拾って投げる、自分で地面にたたきつけたボールを捕って投げるなど

⑧ 外野バックホーム（フライ）

自分で小フライを投げて、それを捕ってバックホームする。声をかけて競争するのもいいでしょう

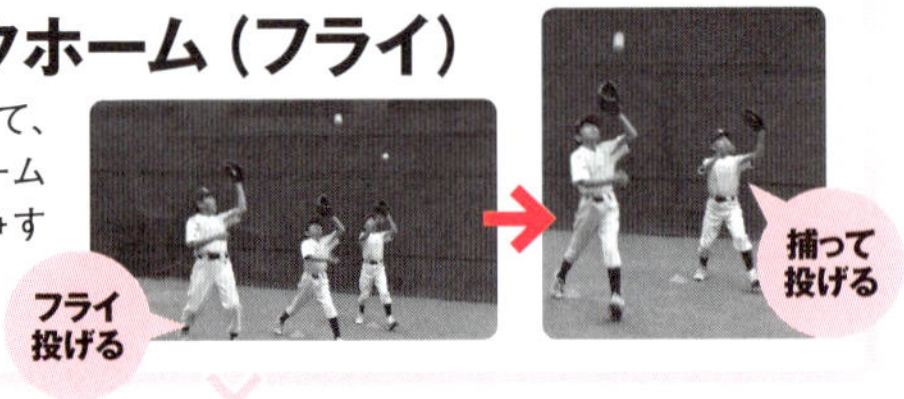

⑨ 外野バックホーム（ゴロ）→タッチ！

地面にボールを置き3m下がり、前進してきながらボールをグローブで拾い上げてバックホーム

⑩ クイックスロー

約7mの距離から、捕ってはすぐ投げるを繰り返す

レッスンポイント③ 試合を想定する

長い時間、単純にキャッチボールを行なうのではなく、試合で起こりうる様々なケースを想定して練習することにより、より実戦に役立つ練習となります。

レッスンポイント④ 教えるべきポイント

≪基本をチェック≫の項目は常に指導者としてチェックするべきポイントです。毎週同じことを繰り返し注意する根気が、子どもを成長させます。

≪基本をチェック≫

まっすぐ踏み出す

正しい投げ方の土台を作ります

顔を中心とした○の中に

「胸に投げろ」と言うよりも、顔を中心とした円の中をターゲットとすることを勧めます（大きな目標に向かって、のびのびと投げさせたいために）

すぐに動く

相手が投げたら、体を移動させフットワークを良くします

ポケットで捕る・すぐ持ち替える・構える・声を出す

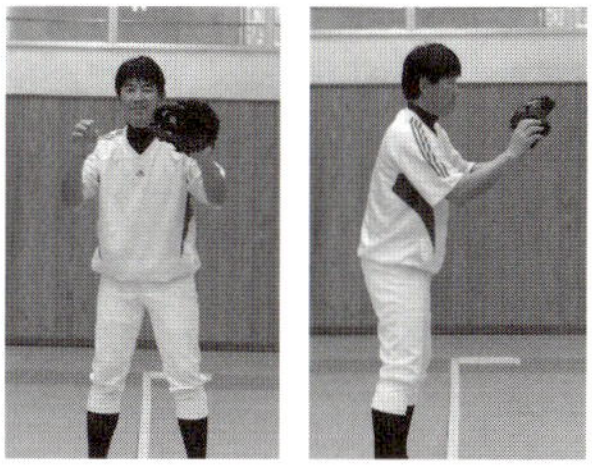

キャッチボールの中で大切な基本動作を確認します

≪バリエーション≫

中継プレー

真ん中に入った子は、捕って振り向いて、すぐ投げる練習を行ないます

たたきつけ投げ・フライ投げ

全身を使って腕を振り切る感覚と、投げる時に肘が先行する感覚が自然と身につきます

これだけはNG

トラウマに

小学生に60mも70mもの長い距離のキャッチボールを延々とやらせるのは、体の負担を考えてもNGです。また、厳しいお父さんが暴投を投げた息子に「走って拾ってこい」と接するのを、私はNGと考えます。それは、イップス（心理的な問題に起因する投球障害）になる可能性があるからです。息子が小学生のうちは、父親が壁を背にして立ち、息子が暴投を投げたとしても、大したダメージにならないように練習していたほうが、のびのびとした良い投げ方が身につき、結果的にコントロールの良い子に育っていくのではと考えています。

〝甘やかす〟と〝のびのび育てる〟との境目は、難しいですね。

守る③

スローイングが良くなるために

捕る➡投げるのステップワークを教えましょう

❶「いち」でキャッチ

低いゴロの捕球姿勢をとります。ボールを捕るタイミング＝左足を着く瞬間に「1」の掛け声をかけます

1（いちっ）

❷「に」でステップ

軸足（右足）を投げる方向に踏み出します。内側のくるぶしを相手（投げる方向）に向けます

2（にっ）

❸「さん」でスロー

左足を投げる方向に踏み出し、ボールを投げます

3（さん！）

❹チェック

1、2、3のかけ声と、自分の動きが合っていることを確認させましょう

難易度
★★★
適正人数
1～6人

❶「いち」でボールを捕ります（ボールを転がして）

❷「に」で軸足を踏み出します

❸「さん」でステップして投げます

❹チェック　ゴロを処理しながらかけ声と動きが合っているかチェック

❶「いち」（横からチェック）

捕る動作と「いち」の声があっているか？

❷「に」

ステップの方向は合っているか？

❸「さん」

踏み出す足は真っすぐか？

❹チェック

動きと声が合っているのか？

守る④

スローイングが良くなるために
2方向へのステップワークを教えましょう

難易度	適正人数
★★★★	1～3人

レッスンポイント①
ステップの重要性

狙ったところにボールを投げるために、ボールを持つ腕の動きに注意がいきがちです。ところが、実は土台となる足の動き（ステップ）がとても重要です。捕ってから投げるまでの一連の動きの中で、ズレがなく無駄のないステップをすることによって、正確なスローイングが身につきます。また、ステップを正しく行なうことで、送球時の肩や肘への負担が少なくなり、怪我の予防にもつながります。

「自分の右側に投げる／ファーストからセカンドへのゲッツースロー」

ここから

① 「いち」でキャッチ

②を急ぐあまり目線がボールから離れてしまうのはNGです

② 「に」でステップ（お尻をクルッと反転）

キャッチしたら逆方向に投げるためにお尻をクルッと反転させます

③ 「さん」でスロー（まっすぐ踏み出す）

配置図

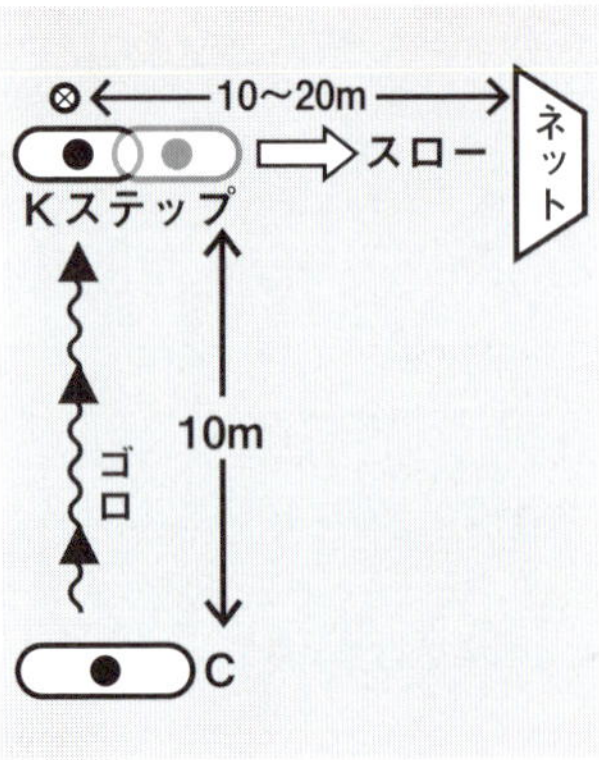

「自分の左側に投げる／サードからセカンドへのゲッツースロー」

ここから

① 「いち」でキャッチ！（低くキャッチ）

② 「に」でステップ（くるぶし向けて）

配置図

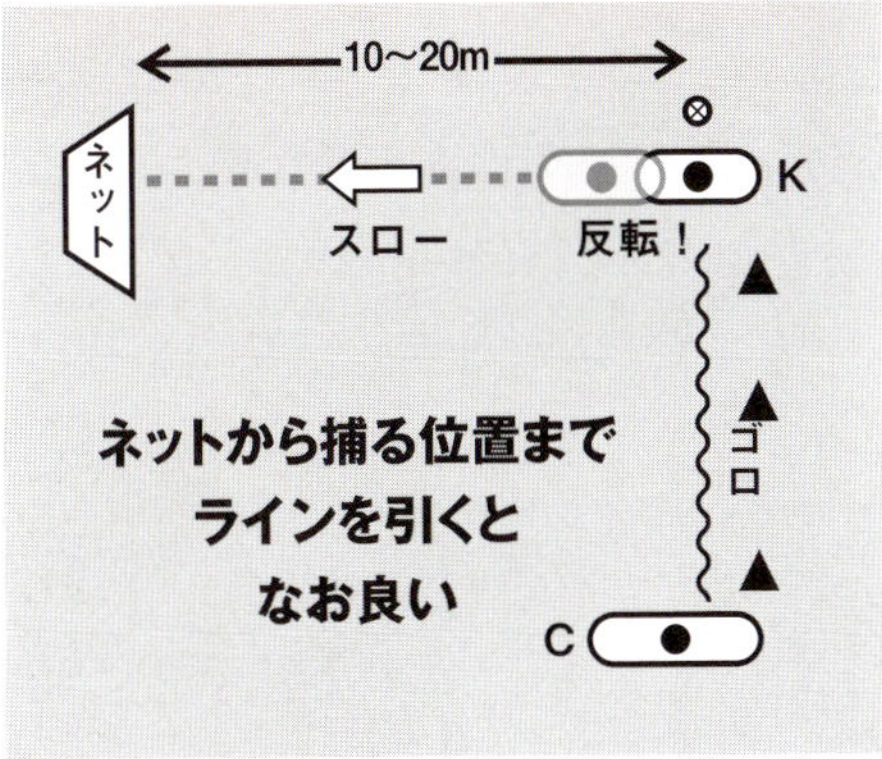

③ 「さん」でスロー（まっすぐ踏み出すよ）

踏み出した左足がターゲットの方向に向いていることが大切です

レッスンポイント②
基本の3方向

3方向（バックホーム・自分の左側・自分の右側）のステップワークを常に練習するようにしましょう。時にはグランドに線を引いて、軸足のズレや踏み出す足の方向をチェックしましょう。

バリエーションをつけて
さらにレベルアップ

たとえばバックハンドでぎりぎり捕った時の難しい体勢からのステップや、自分の背中側への送球（ピッチャーのゲッツー）、飛び込んでゴロを捕った後の送球など、試合で起こる様々なケースを想像して練習することも大切です。

守る5 守備力を高めるために

ミニボール回しを教えましょう

難易度
★★
適正人数
4～12人

ゲーム：タイム測定やノーミスゲーム

4人1組でチームを作り、たとえば3周にかかる時間を測定したり、何周ミスしないで回せるかなどを競いあったりするのもいいでしょう。盛り上がります。

レッスンポイント①
ミニボール回しのメリット

通常の塁間の距離23m（5・6年生の軟式野球）を何周も投げ続けることは、肩や肘に大きく負担がかかるばかりでなく、集中力の維持も難しい練習となります。その点、ミニボール回しの場合は、塁間の距離が短いので暴投が少なく、ボールの速度が速いため、素早い対応が身につきます。肩や肘への負担も少なく、比較的回数も多く練習できます。

プラス・チェック

ベースタッチが大切

ボール回しをする時には、ベースを踏んで捕り、そこから投げる練習をすることが大切です

① ミニボール回し（左回りに）

塁間より短い 13 ～ 18 m位の距離でボール回しを行ないます

② 反対回し（右回り）

左回りよりも難しい右回りも行ないます

レッスンポイント②

試合のための練習を

普段の練習時には、ベースを踏むことにこだわってボール回しを行ないましょう。試合でアウトを取るためには、ベースを踏んでいる必要があるからです。難しい体勢で捕球することや、崩れた体勢から身体を立て直して送球することが上達につながります。

配置図

配置図〈13 m / 3年生、15m / 5年生、18 m / 6年生〉など学年によって距離を変えていきましょう

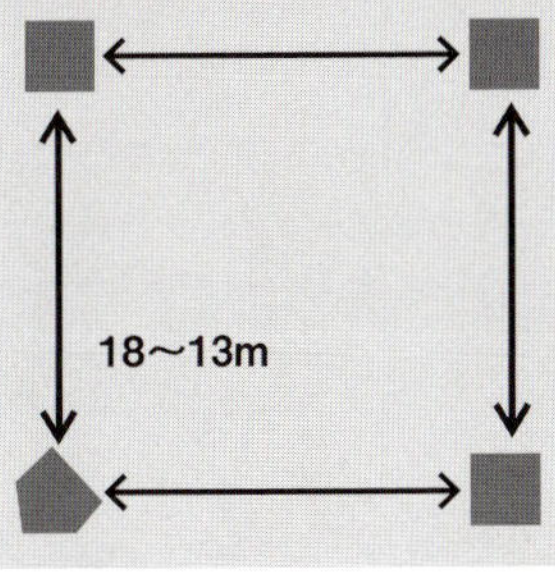

守る6 強肩捕手になるために

キャッチャーのフットワークを教えましょう

難易度
★★★
適正人数
1～3人

覚えさせたい正しいフットワーク

キャッチャーはピッチャーに次いで投球数が多いポジションです。肩や肘に負担をかけ過ぎずにランナーを刺すためには、正しいフットワーク(足の運び)を覚えることがとても大切です

上半身の強さだけに頼り、ノーステップスローなど強引な送球を続けるのは絶対にNGです

盗塁を企てたランナーを刺すためには、捕球してから素早く正確にボールを持ち替えることと、素早く正確なステップをして投げられる体勢をとることが大切です

左右交互にバッターを立たせ、コーチが10メートル位の近いところから投球して、セカンドやサードに投げる練習を行ないましょう

レッスンポイント①
キャッチャー投げとは

「2塁に素早く投げたいからと、必要以上に小さいモーションで投げるのは間違いだよ」と、教えましょう。小さいモーション＝手に持ったボールを右耳から離さないで投げる動きは肘に大きな負担がかかるからです。小・中学生のうちは、ランナーをアウトにすることよりも、野球肘にならないことを優先するべきです。捕った位置から軸足（右足）をセカンドベース方向に素早く踏み出して（この時に内側のくるぶしをセ

❶捕った位置をチェック

捕球した位置がわかるように地面にマーカーを置きます

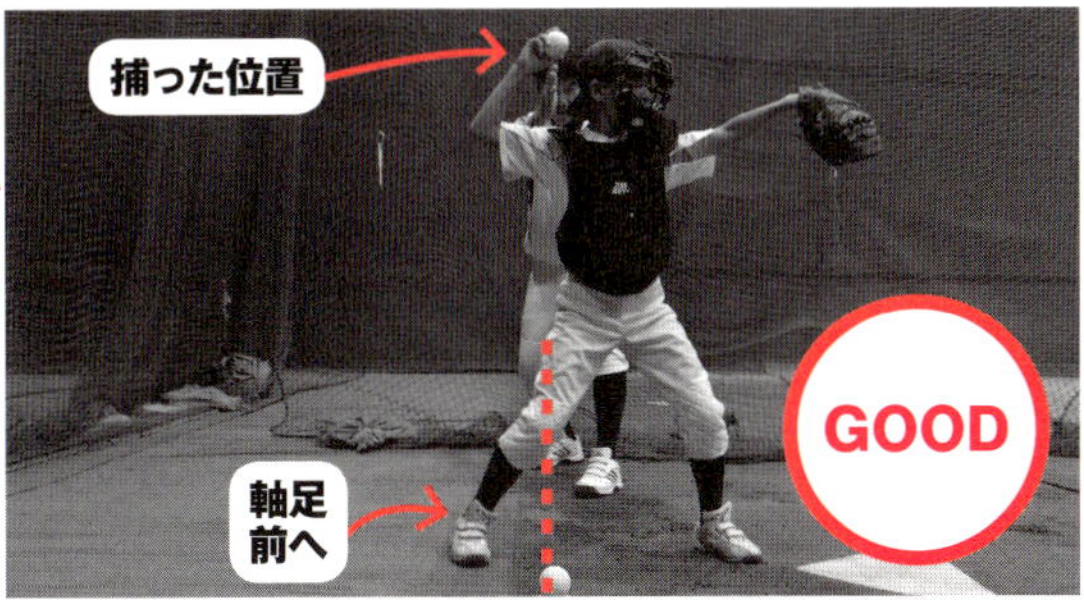

❷これがgood！「捕った位置がトップ」

捕った時のボールの位置の上に、トップ（投げる直前の振りかぶった位置）のボールがあるのがgoodです。軸足（右足）をセカンドベース方向に素早く踏み出して、トップを作ります

❸もうひと工夫「トップが後ろになっているよ」

捕った時のボールの位置が、①よりもバックネット側にあります。これではセカンドベースが遠くなります

カンドに向けて）、身体を投手方向に移動させて投げるよう教えましょう。捕ったその場でのクイックターンスローは、身体ができてくる高校生以降に行ないましょう。

レッスンポイント②
大切なのはコントロール

いきなり左図Ⓐ（約33ｍ）で練習するのではなく、Ⓑ（25ｍ程度）の近い距離から練習を始めましょう。

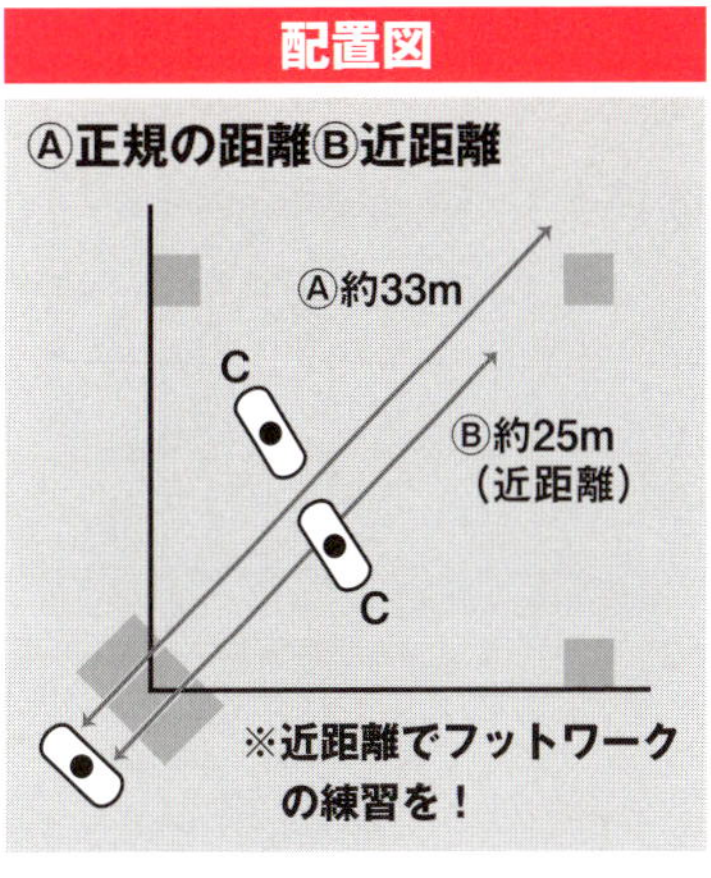

守る7 ぶつかったりお見合いしたりを防ぐために
中間フライの守り方を教えましょう

難易度
★★★
適正人数
3～9人

❶ チームでルールを決める

事前にフライが野手の中間に上がった場合の“決め事”を説明します。誰が捕るのか？　どういった声をかけるのか？　などをわかりやすく伝えます

ルール説明図（1）

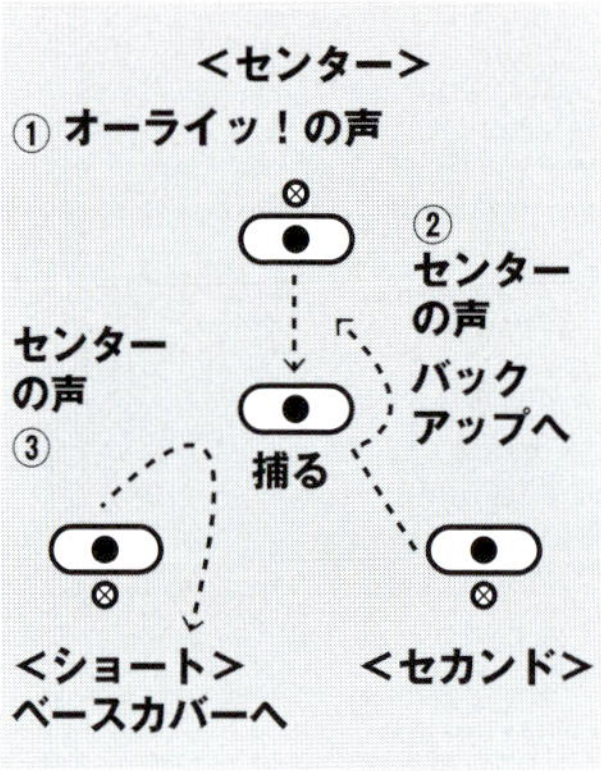

後ろ（外野）から「オーライ」の声がかかった場合は、後ろに任せる

防ぎたいぶつかり合い

中間にフライが…

外野手と内野手　ぶつかって落球

場合によっては、けが人も

レッスンポイント①

“決め事”を説明する

（説明図－(1)）外野手と内野手の両方ともから「オッケー」の声がかかった場合は、後ろの野手（外野手）に任せる、（説明図－(2)）内野手同士でお互いにオッケーの声がかかった場合には、最初に声を出した方が捕る、（説明図－(3)）捕る人が決まったら、近くの人は捕る人のポジション名を叫ぶ、など試合中を想定した決め事をつくって事前に説明してからフライを投げて捕る練習をすると効果的です。

❷ フライ　行くよ！

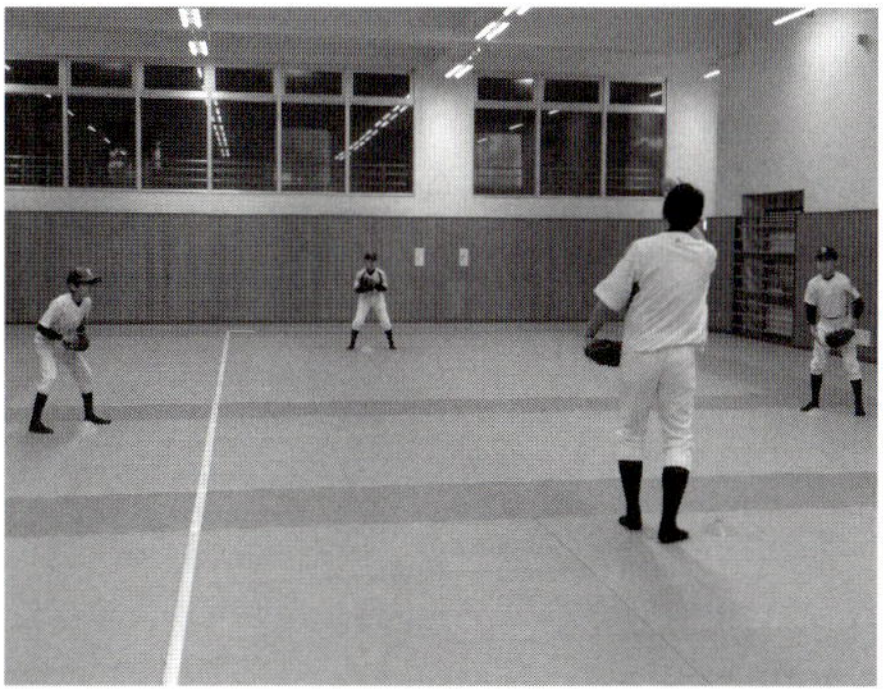

コーチが 3 人の中間にフライを投げます

❸ 声！

上がったボールに対して、3 人が声をかけているかをチェックします

❹ OK！

声の掛け合いや捕らない人の動きが正しかった場合にはOK を出します

❺ ローテーション

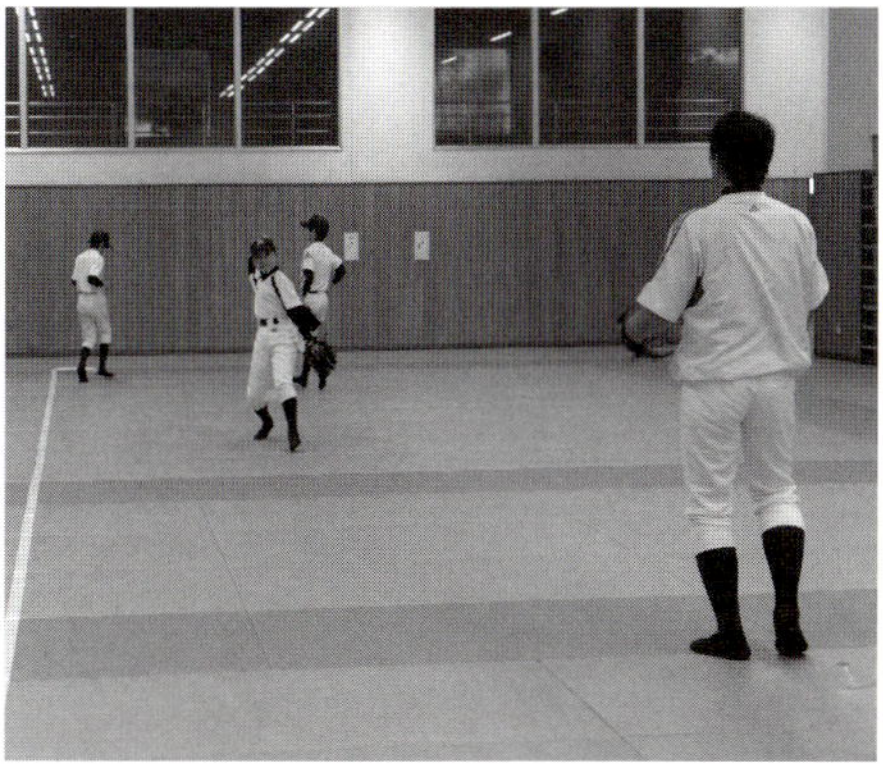

1 球ごとにポジションを変えていきます。全員が違うポジションを経験することが大切です

ルール説明図（2）

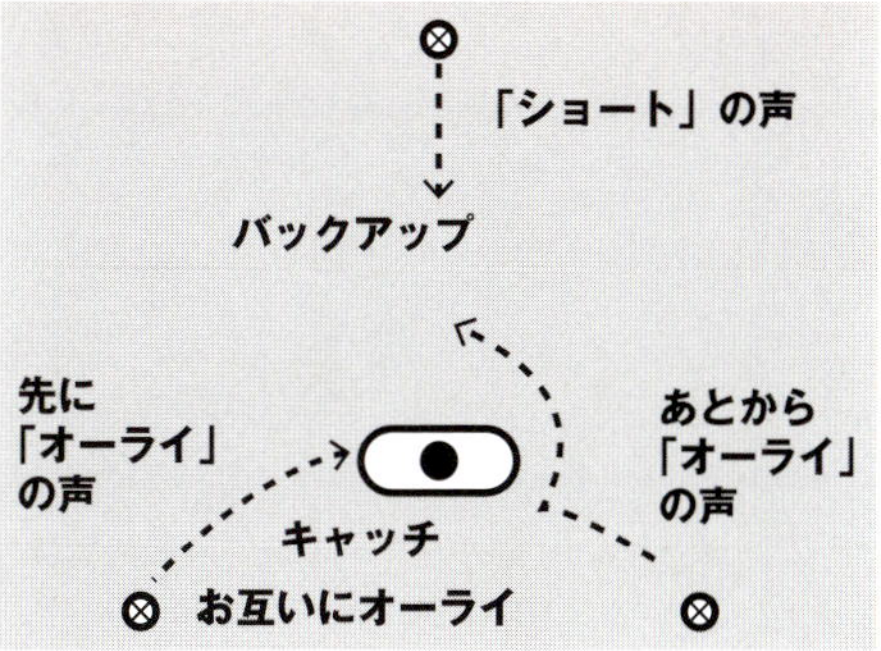

二人がお互いに「オーライ」の場合は、先に声を出した方に任せる

ルール説明図（3）

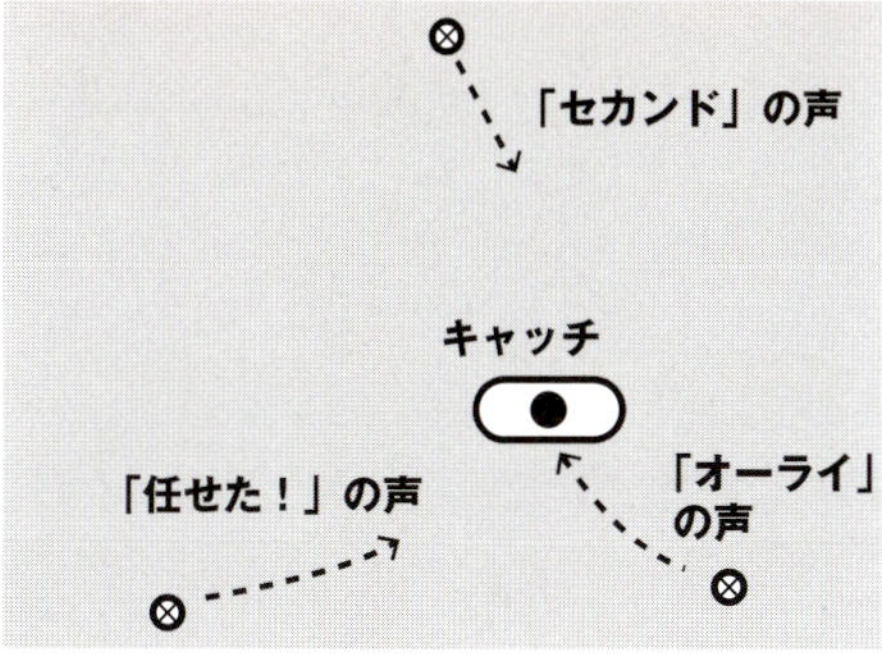

セカンドが捕ると決まった場合、他の人は「セカンド！」「任せた！」の声を

守る⑧

盗塁を防ぎピンチを救うために 一塁への牽制を教えましょう

❶ セットポジション

軸足を外さないクイックターンの牽制球を練習します．この場合、偽投（投げるふり）はできません

❷ 手が上がる

手が下がる

❸ 投げる

手が上がる

❹ タッチ〈アウト〉

投げる〈セーフ〉

レッスンポイント①

クイックターン

右投手の場合、1塁ランナーを刺せる確率が高いのは、軸足を外さずに素早く振り向くクイックターンの牽制です。上半身がファースト側に振り向いた時、ボールを持つ右手の位置が、耳の横にあると素早く投げることができます。ボールを持つ右手を、一度ベルト付近まで下げてから投げると、時間がかかってしまいランナーに戻られてしまいます。素早い足の動きにあった腕の振りを教えていきましょう。

難易度
★★★
適正人数
1～3人

⑤ ランナーをつけた実戦練習

ランナーをつけて練習をしてみます。腕を下げての牽制の場合と、下げない牽制の場合の違い（ランナーの慌て方など）を感じさせましょう

配置図（3方向への牽制練習）

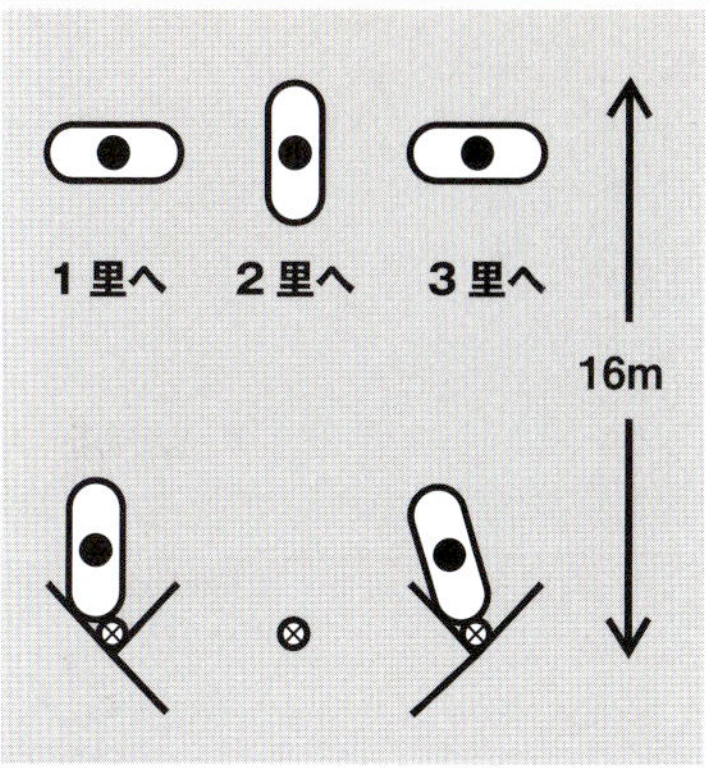

レッスンポイント②

3方向への練習を

角度を変えて、2塁牽制・3塁牽制の練習も行ないましょう。内野を使える場合は、同時に3方向の練習が可能です。左図のように対面式でも可能です。

牽制球の練習は、ボークについての勉強も兼ねられます。ボークについてのルールは難しいため、ルールブックなどを見ながら説明しましょう。

守る9 試合で起こる難しいプレイに備えて
挟殺プレー(はさみっこ)を教えましょう

難易度 ★★★★

適正人数 4～8人

配置図

3塁から本塁間の場合／4人組
マーカーを約5m間隔で塁間に4個置く

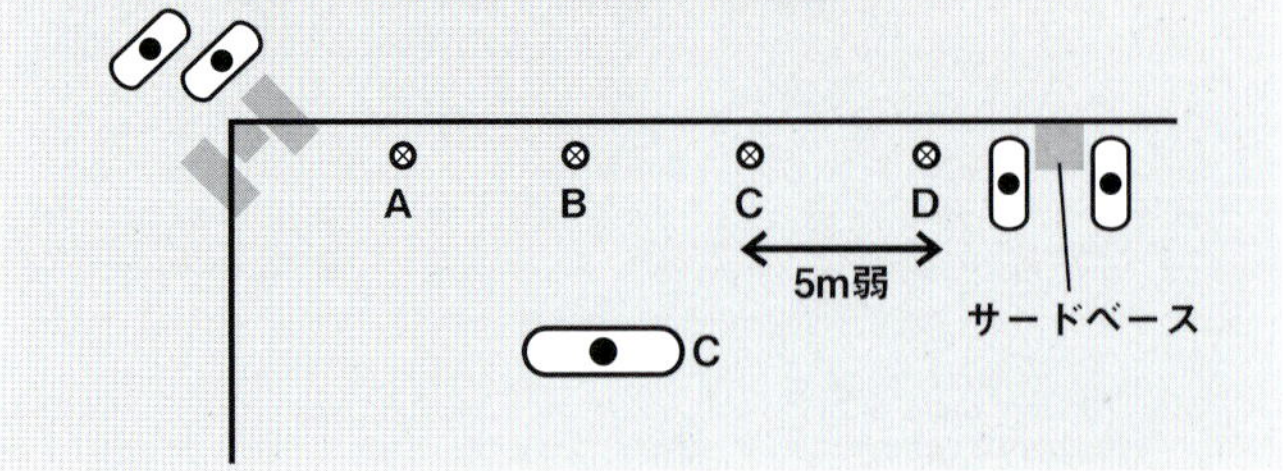

① 全力で追う(ふりをする)➡投げた塁に行く

ボールを持ったら全力で追うふりをする（ランナーを動かすため）そして投げ終わった後は、自分が投げたベースに向かう

② マーカーで投げる➡“投げろ”の声

あらかじめ2つ目のマーカーで投げるなどと決めておく。受け手は、グローブのポケットを相手に見せ〝投げろ!〟や〝来い!〟等の声とともに、相手にボールを投げさせる

レッスンポイント①
早くアウトにするためには?

挟殺で大事なことに「早くアウトにする」ということです。アウトにできないで何度も行ったり来たりさせていると、他のランナーが走ってしまいます。また、暴投や落球などのミスが出る可能性が高くなるからです。挟殺プレーの教え方として「早くアウトにする。そのためには?」…として、①から⑤の順番で教えていきましょう。①から③まではランナー無しで、④～⑤はランナーをつけて練習しましょう。

③踏み込んで取る➡タッチしやすい

捕る時には、ランナー方向に踏み込んで捕る。するとその勢いのままタッチできる場合が多く「早くアウトにする」という大事な目的が達成できる。

④投げたらずれる

投げたままランナーの走路を走ってしまうと、ランナーにぶつかり走塁妨害をとられてしまう可能性があるので投げたらずれる

⑤タッチはグローブで

手でボールを持ったまま、タッチするとランナーにぶつかった勢いで落球してしまうことがあるため、タッチをするときにはなるべくグローブをそえましょう

×悪い例 走者とクロスするミス

レッスンポイント②

走者とクロスするミス

ボールを持った時に、投げる相手がランナーと重なってしまうと、相手が見えないため暴投する可能性が高くなります。ボールを受ける子が、ランナーとクロスしない位置にいるようにチェックしましょう。

守る⑩

持ち替えやクイックスローが上手くなるために

壁当てゲームでクイックプレイを教えましょう

難易度
★★

適正人数
4～6人

❶ヨーイ
壁から5mぐらい離れて並びます。ボールを持って投げる用意をさせます

❷はじめ！
壁にボールを投げて、跳ね返ってきたボールをまた投げます

❸早く！
回数を数えながら壁当てさせ、10回ならば10回が終わった瞬間に座るようにします

レッスンポイント①

ルールは簡単・結果はすぐに

隣の子と並んで行なう壁当て競争は、すぐに結果がわかります。闘争心に火がつきやすい練習です。

楽しみながらレベルアップ

競争する効果

友達と競い合うことで、夢中になって上達する。理想的な上達方法のひとつです。順位をつけたり、特典を与えたりと、楽しく練習するための工夫をいろいろと考えること自体が楽しいことです。

第4章

打つ

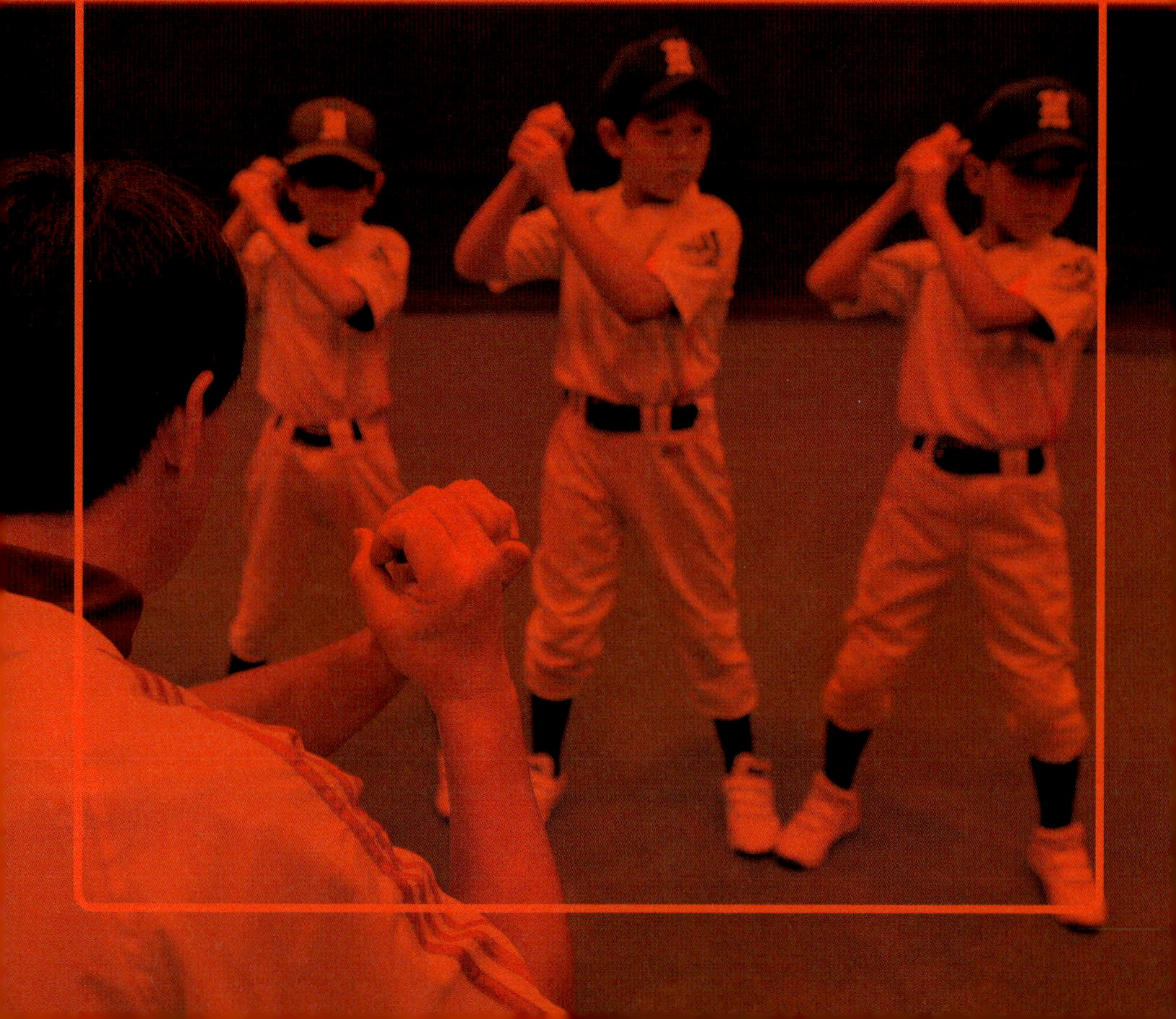

打つ①
良いバッティングをするために バットの持ち方を教えましょう①

難易度
★★
適正人数
1～5人

① こんな構え　カッコいいかな？

✕ 悪い例①

脇が開きすぎ

✕ 悪い例②

肘をしぼりすぎ

格好の悪いポーズの２つの例をしながら質問します。子どもたちから「ダメ～かっこ悪い！」の返事が来ます

② カッコよくなる秘密を教えてあげよう

③から⑦で正しい持ち方を教えましょう

○ 良い例

ちょうど良い

一般的な構えをとり、①との違いを印象づけます

レッスンポイント

指関節の合わせ方を覚える

指先から数えて2番目の関節同士を、1本線にすることを教えます。げんこつの骨同士を重ねてしまう子や、片方ずれている子がいます。一人ずつチェックしましょう。

実際には、1本線にこだわりすぎると左手首を絞りすぎた持ち方になってしまいます（チェックポイントを参照）。ではなぜ、1本線を教えていくのかと言うと、次の3つの理由からです。

①手首をやや絞った感覚を初心者の

③熊さんが爪をギッギッギ！

両手の4本指を曲げ、熊が爪を引っ掻くような形にして指を曲げます

④とがっているところを合わせて

指を曲げたまま、右手を上、左手を下にして、とがっている関節同士で〝一本線〟を作ります

⑤望遠鏡　見えるかな？

一本線のまま、望遠鏡を作ります

⑥構えて「いいね！」

望遠鏡のまま、両手を自分の右肩の前にもってきます

⑦バットを持ってみよう

バットを持って両手が同じ形になるように構えてみます

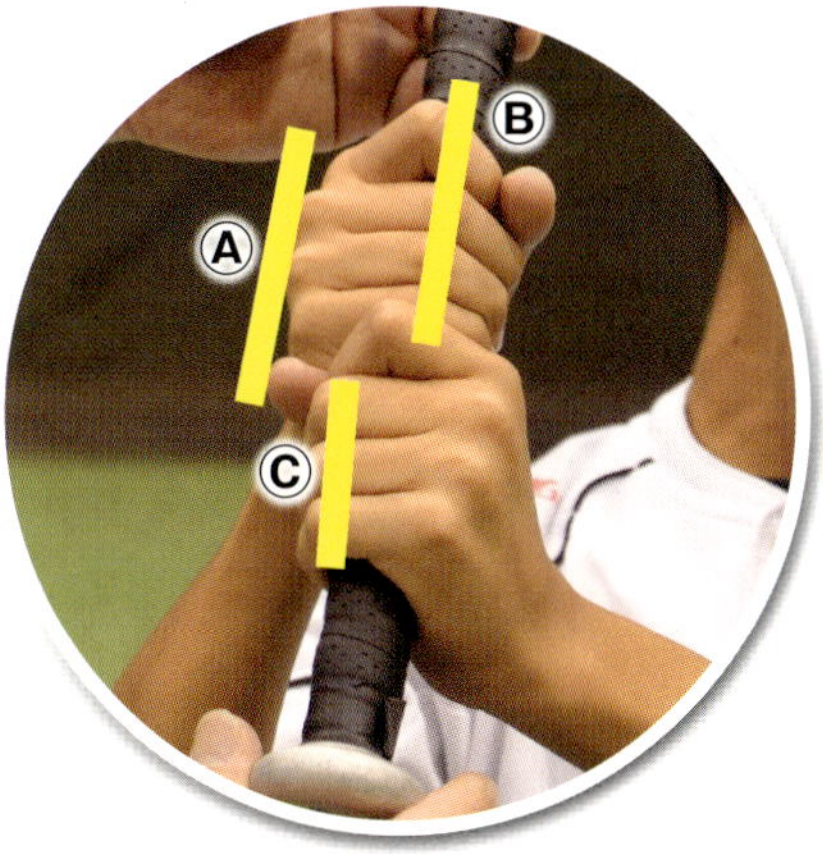

チェックポイント

AとBの間に、Cがある

〝一本線〟は、あくまでも目安として教えましょう。実際には、左の写真のように、AとBの間にCがあればOKです

うちに覚えるため

②1本線が覚えやすいため

③左手首を真っすぐにしてしまうことを防ぐため

打つ②

バットの持ち方を教えましょう②

強い打球を打つために

① インパクトでストップ

インパクト（打つ瞬間）の形でストップさせてから、バットを押さえます

② ギュッと押して

コーチの手をバットでギュッと押すように力を入れます（3秒間）

③ 1回離して持ち直す

②でギュッと押した後に、いったん力をゆるめます。その後、いちばん力が入りやすそうな持ち方に変えて持ち直します

④ もう一度、ギュッと押す

持ち直した手のままで再びギュッと3秒押します

注意

①の時に…

コーチが先に構えるのは大変危険です。ストップの声をはっきりとかけて、必ずバットが止まってから近づいてください！

レッスンポイント

インパクトが大切

インパクト（ボールがバットに当たる瞬間）の時に、その子が持つ最大の力をバットに伝えられることを目指します。そのために「これが全力！」となる形で、バットを押させてから、そのままの形でグリップさせて、そのグリップのまま構えをとらせる方法が①～⑨です。この時、左ページ下にあるように、右手のひらの向きが大切になります。

難易度
★★★★
適正人数
1～3人

❺ そのままで

子供の手元とバットを持ち、右側に動かします

❻ 戻すよ

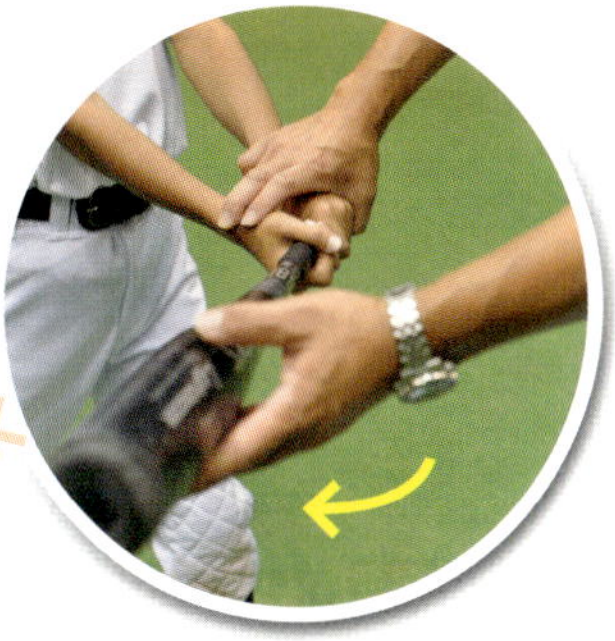

ゆっくりバットを構えの位置に戻していきます

❼ そのままで

スムーズに動けるように声かけします

❽ 肩の前に

グリップを右肩の前に持っていきます

❾ ハイッ、でき上がり

コーチはバットの先（ヘッド）の位置が、後頭部の上あたりにくる角度になっているかをチェックします。子どもには、でき上がりの正しいグリップを目視させます

プラス・チェック

インパクト時の右手のひらの向きを覚える方法です

〈悪い例〉右手のひらが下向き

〈良い例〉右手のひらが上向き

打つ③ 軸のしっかりとしたスイングをするために

足の幅を教えましょう

難易度
★

適正人数
1～10人

構え

① 前へならえ

「指先から指先の幅が肩幅だよ」と説明します

② そのまま下に

前へならえをしたまま、〝こんにちは〟をして両手の指先が両足のかかとの内側に入ります

レッスンポイント

土台（両足）は大事

打つ時に、ステップ（踏み出し）の幅が大きすぎて、バランスを崩してしまい、バットヘッドが出てこない（＝振り遅れる）子を、ちょくちょく見かけます。また、構えた時にスタンス（足幅）が広すぎて、タイミングを取りにくそうにしている子もいます。子どもによって多少の違いがあるのは当然ですが、だいたい「構え＝肩幅」「打つ時の足幅＝バットの長さ」と教えて間違いありません。バットを短く持つ子は、バットを置

③振ってストップ！

振り終わったところで「ストップ」の声をかけます

④バットを置いて

両足の前にバットを置きます。右足のつま先とグリップエンド（バットのいちばん下の出っ張り）を合わせます

⑤バットの長さだよ

置いたバットの長さに、両つま先が入っていれば、だいたい OK です

⑥これはNG

足の幅があまりにも広すぎるのは NG です。子どもには、体重の移動が難しくなります

✕悪い例

足幅が広すぎると

あまりにもスタンス幅が広いと、背骨が右足側に倒れてしまい、極端なアッパースイングになってしまうので注意しましょう

く時に、左手小指の位置＝グリップエンドとして下さい。なお、身長が160㎝以上になってくると、バットの長さよりも足幅は広くなります。

打つ④

軸のしっかりとしたスイングをするために

構えの姿勢を教えましょう

難易度 ★★★★

適正人数 1～3人

① 気をつけ

バットを足のつけ根にあて、背筋をピンと伸ばします

② こんにちは

背筋をピンとしたまま、正面を見ながら〝こんにちは〟をします

個性的

突っ立っている構え

一般的

打ちやすそうな構え

レッスンポイント

伸ばした背筋と股関節からの前傾

このレッスンは、手順が少し複雑です。①から④までの補足説明をします。

①肩幅に足を開きます。背筋を伸ばし、両手で持ったバットを股関節（足の付け根）にあてがいます。あてがう位置がわからない子には、「膝を高く上げて、折り目になったところだよ」と教えます。

②あてがったバットを折り目にして、背筋を伸ばし正面を見たまま前

④構えて

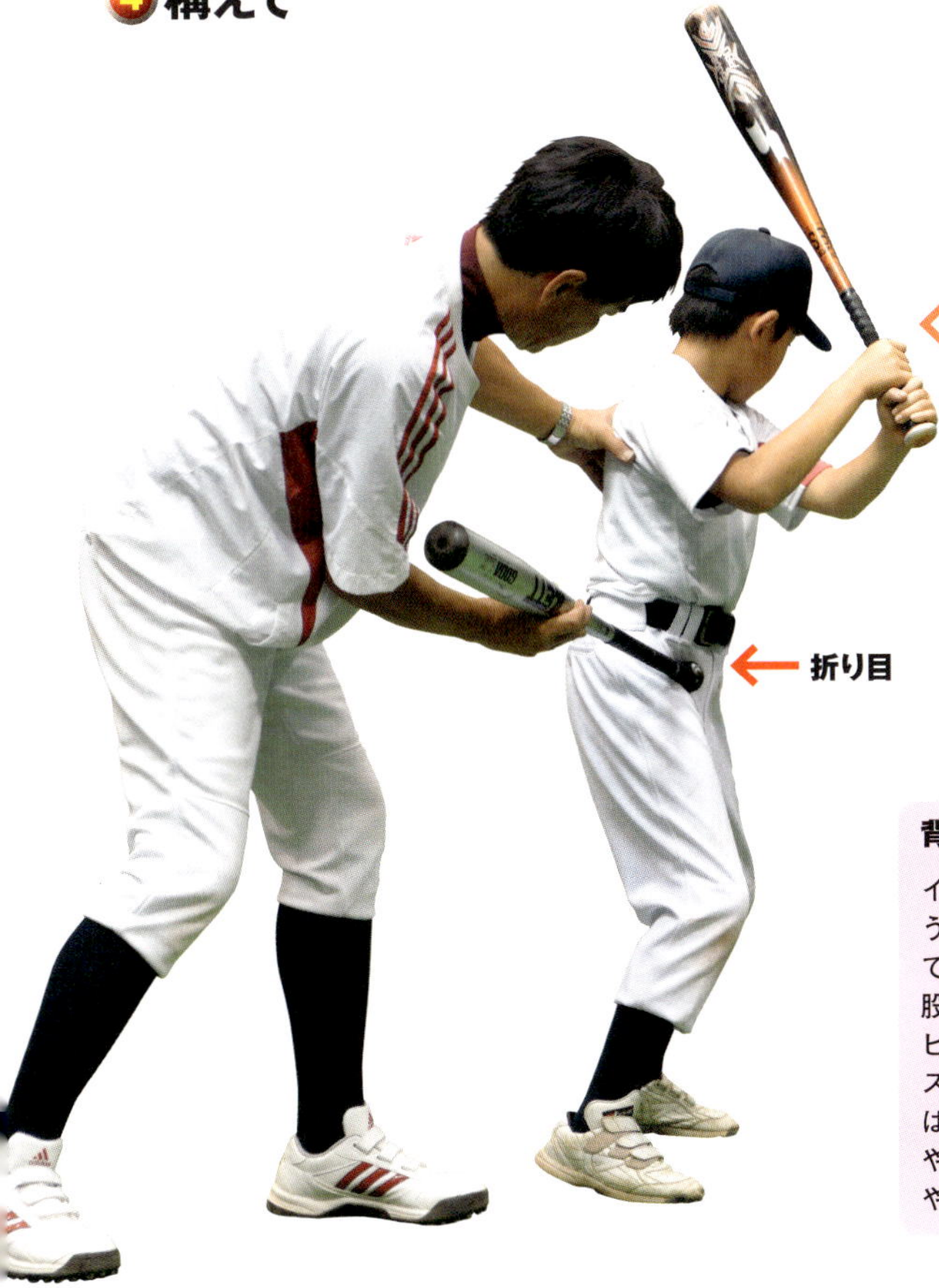

バットを持ち、構えを完成させます

③膝を曲げてリラックス

〝こんにちは〟をしたら、膝を曲げてバランスをとります。バットを下げて腕と肩をリラックスします

背筋がピン!!

イチロー選手や坂本選手に代表されるように近代の好打者は背筋をピンと伸ばして構えます。背筋が伸びることにより、股関節の動きにずれがなくなり、回転スピードのロスやバットコントロールのミスが減っていると思われます。背筋を伸ばして構えることは、長嶋さんや王さんや野村さんを見て育った我々の世代にはやや難しく感じます

傾します。上半身を前傾することをわかりやすく〝こんにちは〟として説明します。この、〝こんにちは〟の前傾角度は約15度、〝時計の針で2、3分〟といったところです。

③〝こんにちは〟をすると、つま先体重になります。つんのめりそうになった所でストップし、膝を曲げて前後の体重を調節します。膝を曲げて〝グラグラしないところ〟が◯です。つま先体重やかかと体重ではなく、前から押されても後ろから押されても、どちらにも耐えられる位置（＝足の裏全体）が、正しい前後の体重位置と教えましょう。

④前傾が終わり膝を曲げたら、股関節に当てたバットをダラッと垂らし、肩と腕をリラックスさせます。その姿勢を保ったままバットを持たせ、3m離れたところから全体のバランスをチェックしたら完成です。

打つ5

高めも低めも打てるために①

構えたときのバットの角度を教えましょう

難易度
★★★

適正人数
1～5人

❶ 横に寝かせていると

両手で持つバットを地面と平行にして構えます

❷ 高めが打てる

右手で持ったバットを地面と平行に振るように動かしながら、左手に持ったバットと合わせます（重ねます）

❸ バットを立てていると

2本のバットを一直線にして〝5時5分前〟の角度に持ちます

❹ 低めが打てる

右手で持ったバットを斜めの面に沿って動かしながら、左手に持ったバットと合わせます（重ねます）

個性的-1

比較的小柄で、高めに強いバッターに多い構えです

レッスンポイント①

スイングプレーン？

バットが通る平面を〝スイングプレーン〟といいます。この平面の角度に着目して教えていきます。①・②はフラットな（＝平らな）、③・④は、アップライトな（＝立っている）スイングプレーンとなります。スイングプレーンの説明をしながら、単純に「バットを寝かせていると高めが打ちやすい」「バットを立てていると低めが打ちやすい」と教えて良いでしょう。

一般的

高めも低めもまんべんなく打ちやすい構えです

❺ 両方を打つには

高めも低めも両方打つためにはどうしようかな？と聞きながら2本のバットを斜め（2時40分くらいのイメージ）に合わせます

❻ 斜めに構えて

バットを持つ右手と左手で、斜めの平面を作ります

❼ いいボールが来た

右手のバットを平面に沿って動かしていきます

❽ ジャストミート!!

右手のバットを左手のバットに合わせます（重ねます）

個性的-2

低めの球が好きなバッター（ローボールヒッター）に多い構えです

レッスンポイント②

重要な"振り出す時の角度"

本当に重要なのは、バットを振りだす時の角度です。バットを振りだす時とは、左足をステップした時です。構えた時と振りだす時のをバットを同じ確度にしたほうが、バットコントロール（＝バッドでボールを捉える技術）が効きやすいため、「構えは、斜め45度くらい」として教えていきましょう。

プラス・チェック

ステップしたところで「ストップ！」の声をかけ、自分の目でバットの角度を見せるのもいいでしょう。あるいは、２人組みになって、３m離れたところから同じようにストップをかけて、お互いに角度をチェックする練習も効果的です

打つ6

高め・低めの素振りを教えましょう

高めも低めも打てるために②

難易度 ★★

適正人数 1～3人

❶ 肩の高さに合わせて

コーチは肩の高さにバットを差し出します。子どもは、バットの芯をコーチのバットの先に合わせてインパクトを作ります

高めの素振り

高めの球が打てるようになるために、肩の高さくらいのボール球を練習します

合わせて

❶ 膝の高さに合わせて

コーチは膝の高さにバットを差し出します。子どもはバットの芯をコーチのバットの先に合わせてインパクトを作ります

低めの素振り

低めの球が打てるようになるために、膝の高さくらいの低目いっぱいを練習します

レッスンポイント①

通り道を覚えやすい

この練習は、高さに応じたバットの通り道（＝スイング軌道）を教えるのにたいへん効果的です。予め「目標地点＝インパクトの高さ」を作っておき、そこから戻して振る。振り戻す時のバットの通り道が、そのまま振りだす時の通り道になるので、軌道を覚えやすい練習です。

レッスンポイント②

高さに応じたスイング軌道を

高めの球をレベルスイング（＊用

❷ ビュン！！

インパクトからバスター（＊用語）で打つように、バットを振り戻します

❸ カキーン!!

トップ（いちばんバットを引いたところ）で折り返し、そのまま振り切ります。コーチのバットの先と、同じ高さを振れているか、中腰になり目線をバットの高さに合わせてチェックします

引いて　ビュン!!　カキーン!!

❷ ビュン！！

インパクトからバスター（＊用語）で打つように、バットを振り戻して（引いて）から、インパクト目がけて振ります

❸ カキーン!!

トップ（いちばんバットを引いたところ）で折り返し、そのまま振り切ります。コーチのバットの先と、同じ高さを振れているか、片膝になり目線をバットの高さに合わせてチェックします

語）で振るには、バットの先が自分の顔の前を通るような感覚があります。一方、低めの球をなるべくレベルスイングで振るためには、低いところから振り出す。アッパースイングぎみの振りを良しとします。

豆知識・用語

バスター、レベルスイング

『バスター』とは、バントの構えからバットを引いてゴロを打つ作戦のこと。このページの練習では、ゴロを打つ振りではなく、普段通りの思い切ったスイングをさせましょう。『レベルスイング』とは、文字通り地面に対してバットを平行に動かすスイングをいいます。私は、このレベルスイングが、いちばん打ちやすく正しいスイングであると定義して指導しています。

打つ7

高めの打ち方を教えましょう

高めの球を打てるバッターになるために

❶構えて
肩の高さにボールを差し出し、インパクトの形を作らせます

❷引いて
ボールを持った手を引きコーチはトスの準備に入ります。子どもはバットを引き、振る準備に入ります

❸ビュン!!
コーチは一定のスピードを保ちながらトスアップ（下手からちょこっと投げる）の準備をします。子どもはトップまで充分にバックスイングを行ないます

難易度
★★★★★
適正人数
1～2人

レッスンポイント①
高めを打つには

インパクトの時に、バットの先（ヘッド）が、持ち手（グリップ）よりも高くなります。

トスされたボールをやや地面に叩きつけるように打つと軌道が合ってきます。打球は、ゴロではなく、ライナーの方がいいでしょう。また、打ち終わった時にやや左足体重になっているのを◯とします。右足体重になると大きく弾むゴロばかりになってしまいます。

プラス・チェック

ストライクゾーンの「高め」とは？

ルールを知らない人は、解説書を参考にひとつずつ覚えていきましょう！

（ア）…肩のライン
（イ）…肩とベルトの中間点→ルール上の上限ライン
（ウ）…ルール上の上限ラインとベルトの中間ライン
（エ）…ベルト（ズボンの上部）のライン

＊実際の試合では、ルール上の（イ）のラインよりも、（ウ）のラインが上限となる場合が多いように感じられる
・ストライクゾーンは、そのバッターが普通に構えた時の肩の高さ等で決まる
・投球がホームベース上を通過した時の高さで判定する

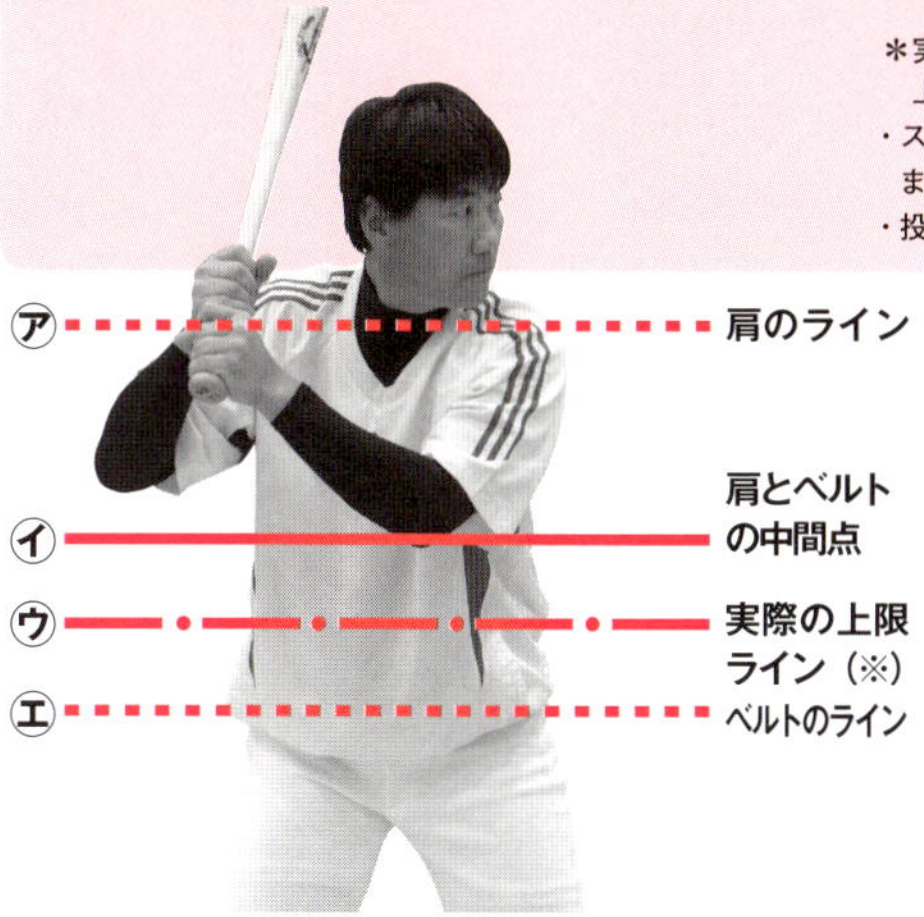

④ビュン!!

タイミング良く、トスアップします。この時、スイングとタイミングが合ってない場合はトスを止めます

⑤ビュンッ!!!

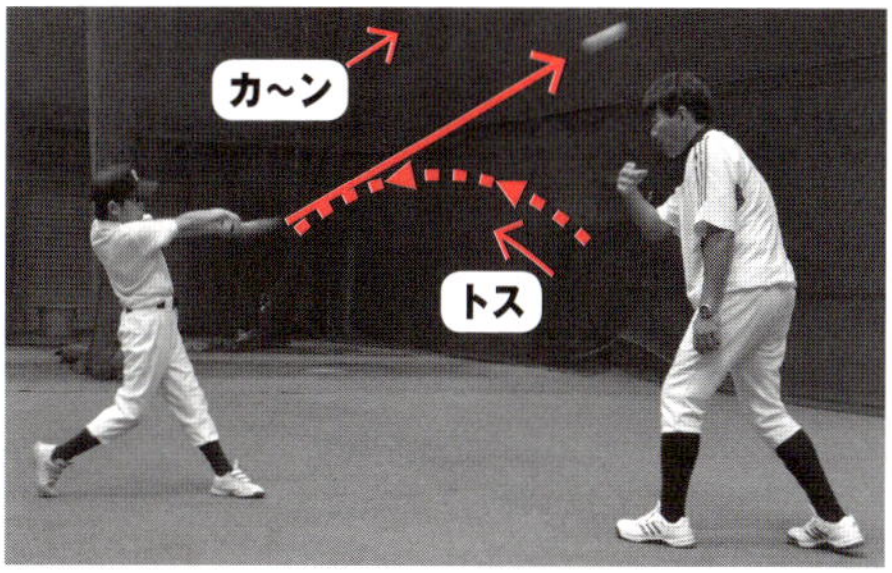

①の高さにトスアップします。目線をポイントに置いておくとコントロール良くトスできます

3拍子のかけ声で!!

「構えて」
「引いて」
「ビュン!!」

配置図〔ティー打撃〕

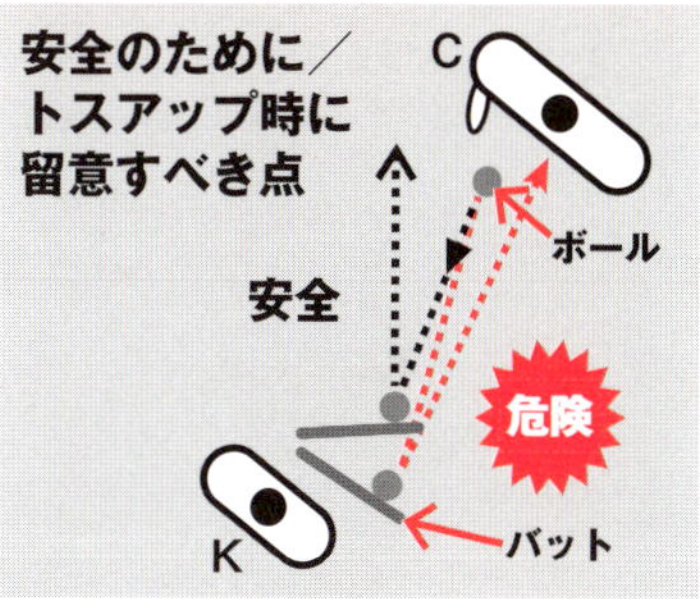

トスアップの際、外角に投げてしまうと、自分自身にボールが跳ね返ってくるので大変危険です

レッスンポイント②

タイミングをよく見て

自分の腕の動きと、テークバックがずれたままトスしてしまうと、バットの先に当たった打球が飛んで来ることがあり大変危険です。タイミングが合っていないと感じた時は、投げるのを止めます。タイミングが合うまでは、声をかけながらの素振りで練習しましょう。「構えて・引いて・ビュン！」このかけ声が良いでしょう。

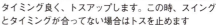

打つ８

難しい球が打てる好打者になるために 低めの打ち方を教えましょう

難易度
★★★★

適正人数
１～２人

❶ 構えて

ボールを膝のお皿の高さにセットして、インパクトの形を作らせます

❷ 引いて

高めのレッスン時と同じように、コーチと子どもがテークバックを取ります

❸ ビュン!!

テークバックのタイミングに気をつけます。子どもはトップまでしっかり振り戻します

レッスンポイント①

けっこう低い「低め」

①のように止めてみると、ルール上の「膝頭の下」は、けっこう低いことがわかります。「膝のお皿にグリップエンドを当ててごらん」と声をかけ、バットを地面と平行に持たせると実感できます。

レッスンポイント②

良いフライを打たせる

ダウンスイングの軌道でボールに逆回転（バックスピン）をかけすぎたフライは飛びません。外野の頭を

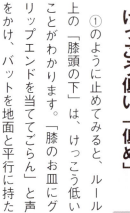

❹ビュン!!

最初にセットした高さ＝膝のお皿をめがけてトスアップします

❻ナイスバッティング!!

打ち終わった時のバランスもチェックします

❺カキ〜ン

当たり方をチェックします

プラス・チェック

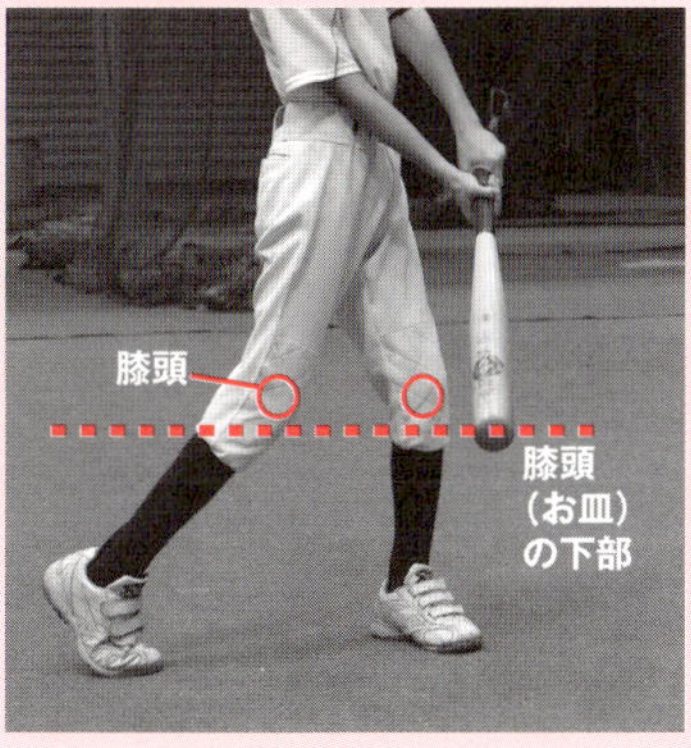

ストライクゾーン「低め」とは？

膝頭（お皿）の下部…投球がホームベースの上を通過した時に、このラインにボールの上部が少しでも重なっていればストライクの判定となります

越える長打を打つためには、レベルスイングまたはアッパースイングで適度な逆回転のかかったフライを打てるようになるといいでしょう。

打つ9 良くない打ち方を知るために

〝肩が開く〟とは？を教えましょう

難易度 ★★★★

適正人数 1～5人

❶引いて

子どもの背中側に立ち「振っちゃうダメだよ」と必ず声をかけて、テークバックを取ります

❷ステップ

左足をステップする時に、左肩を背中側（左）に回して、肩の開いた状態（上半身が投手に正対している）で止めます。コーチはこの時、安全のために右手でバットを持っていましょう

❸引いて

見ている子どもを投手方向に移動させます

❹ステップ

投手方向からの「肩が開く」を見せます（＊写真はカメラの位置のみ移動）

レッスンポイント①
肩が開いている子には

私は、肩が開いている子を教える時に、「へそがピッチャーに早く向いてはダメ！」「あわてんぼうは、ダメ！」「つまるのを嫌がらないでいいから」「はんけつ（半分のお尻）見せて」「もっと自分のそばまでボールを引きつけて」「へその前で打つんだよ」「センター返しを」「センターに打つのだ」「サードゴロはダメッ！」「足は真っ直ぐ」などとアドバイスします。あのイチロー選手も「バッティングの時に、胸をピッ

肩がこうなるとこうなってこうなる

ストップモーションで見比べさせる

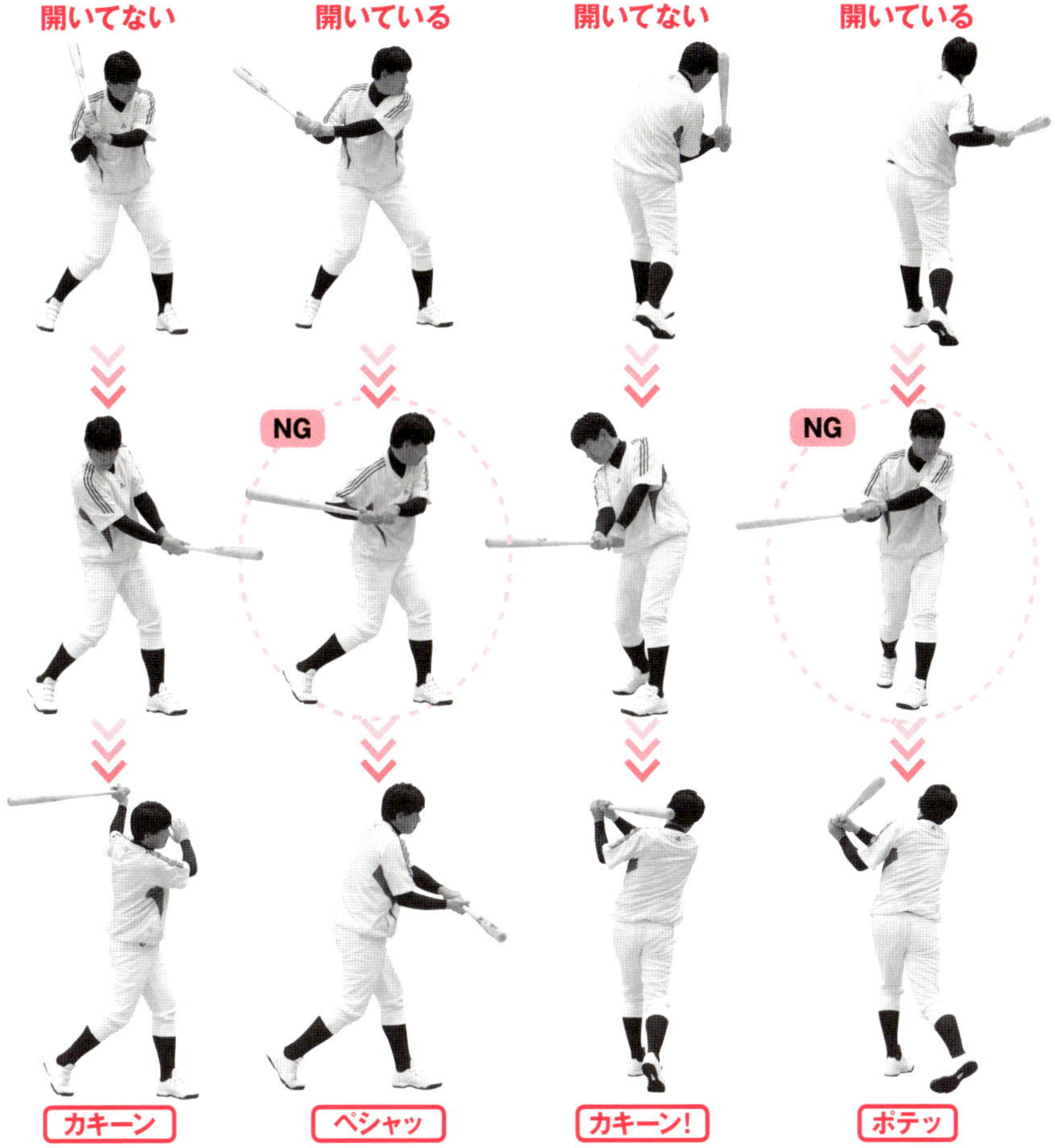

チャーに見せたら負け」と言っています。

レッスンポイント② なぜ「肩が開く」はNG?

正しいタイミングより前に「肩が開く＝上半身が左に回転する」のはNGです。理由は2つ。

（A）肩が開く→グリップの位置が投手側にずれる→インパクトゾーンまでの距離がなくなる→加速できる距離が短くなる→スイングスピードが上げにくい→飛ばない

（B）肩が開く→打とうとする→バットを〝ギュッ〟と強く持つ→バットと腕が作る手首の角度（コック）が鈍角になる→いわゆる〝ドアースイング〟になる→スイングスピードが下がる→飛ばない

私は、子どもたちに（B）を良く話します。

打つ⑩

良い打ち方を覚えるために
左足のステップを教えましょう

難易度
★★
適正人数
1～4人

①つま先が開きすぎ

全体の開きにつながります

②かかとから着きすぎ

体をひねりすぎて窮屈なスイングになりやすい

③アウトステップ

外角が遠くなる

④インステップ

インコースが窮屈になる

レッスンポイント①
NGなステップ例

アウトステップやインステップをやりながら、子どもたちに「これはいいかな?」「悪いかな?」と質問してみます。最後に、両足のつま先がバッターボックスのラインと平行に動く標準的なステップをしてみます。「これがいいよね」と、その場でバットを持たずにステップの練習をしてみます。足の動きや体の回転などボディーの動きを教えたい時には、バットを持たずにスイング体操のように練習するといいでしょう。

標準的なステップ

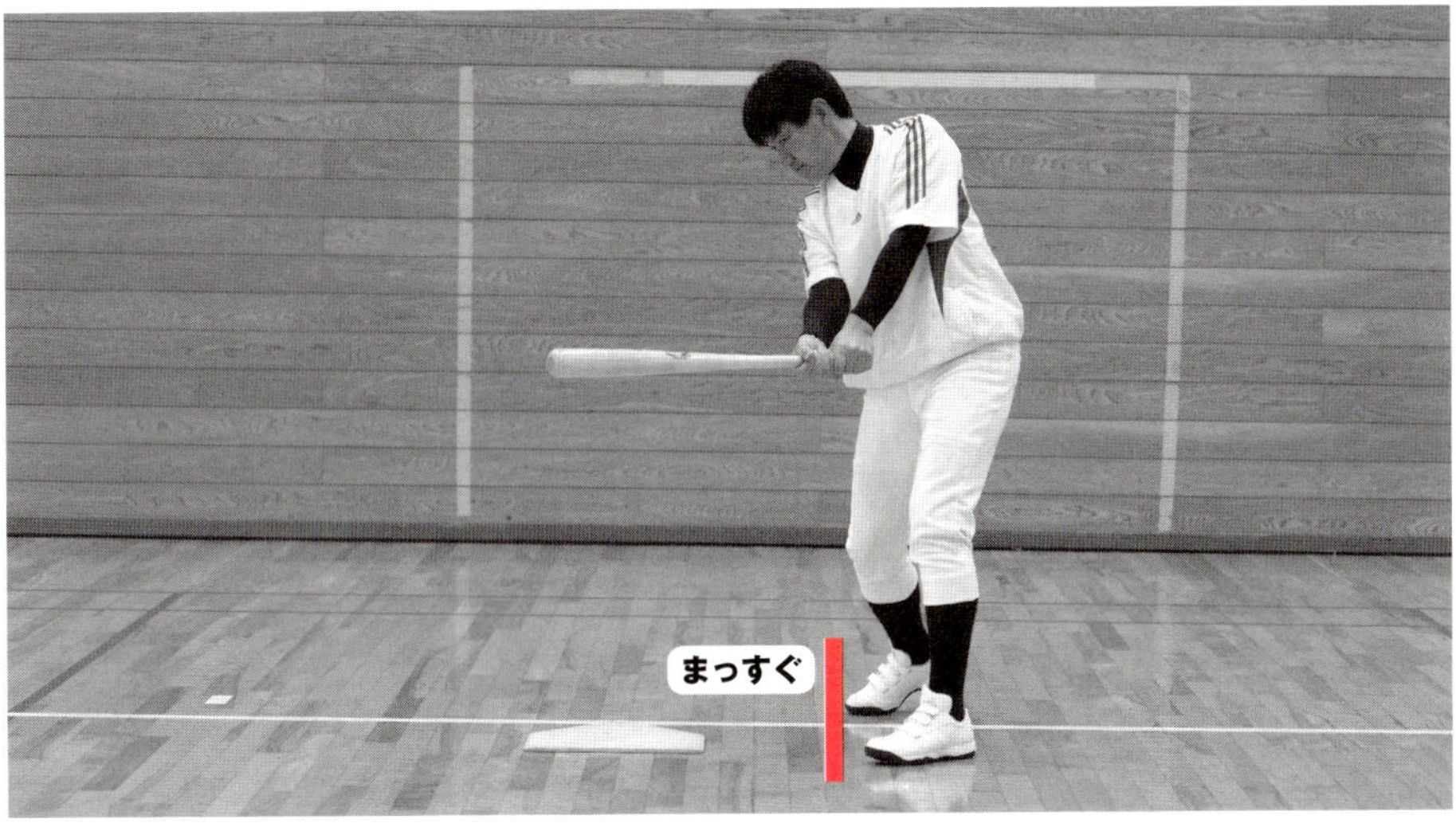

インステップ

アウトステップ

意識の分散を防げます。

レッスンポイント②

セルフチェック

地面に線をひいたり、道路の継ぎ目に立ったりして、目安となる線を自分で作り、インステップやアウトステップになっていないかを確認してみます。子どもが〝自分で気づく〟ことが成長につながります。

配置図

セルフチェック
〝気づく〟ために

→地面に一本の線を書く

打つ⑪ 体の力をバットに伝えるために

両手の通り道を教えましょう

打ちにいこうとする時に 手が身体から

離れないで身体の近くを通ると

足を肩幅に開き、肘から曲げた両腕をへその前に置き構えます

① 肘から曲げて正面に

ペアの子は、横から両手をしっかり押さえます

② しっかり押さえて

離れてしまい身体から遠いところを通ると

① 両肘伸ばして

今度は、両腕を伸ばして手を合わせ胸の前に置きます

ペアの子は、横から両手をしっかり押さえます

レッスンポイント①

ちがいを身体で感じさせたい

このレッスンはやや難しいです。しかし、①から③までのドリル（スイング体操）が正しく行なえると、子どもたちにとって、とてもためになるレッスンとなります。腕を伸ばしているか・曲げているかの違いだけで、力の伝わり方に明らかな差が出る…このようなドリル練習は理屈ではなく、身体で感じさせることができるので伝わりやすいのです。

難易度
★★★★★
適正人数
1～2人

頭を動かさずに、肩を左に回転させて、押さえられている両手を5秒間、左に押します（「押せる！！」）

❸ 横に回すよ！ 5秒間 ハイッ！

❹ 両手が身体のそばを通る

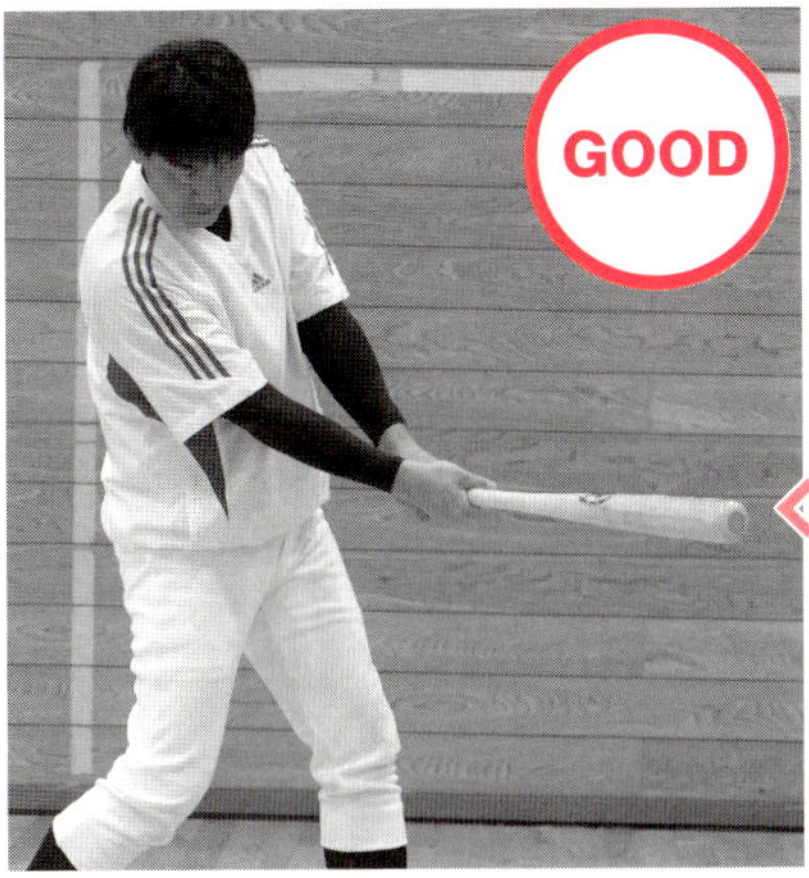

❺ 身体の正面で打てて力が伝わる

頭を動かさずに、肩を左に回転させて、押さえられている両手を5秒間左に押します（「押せない！」）

❹ 両手が身体から離れている

❺ 開いてしまい力が伝わりにくい

レッスンポイント②
体重をかけて押すのはNG

頭を左側に倒して自分の体重をかけて、押さえられている手を動かそうとするのはNGです。バッティングの時と同じように、頭を動かさず肩を水平に回して、相手の手を押すようして下さい。コーチが背中側に立って両肩を持ち、回転を補助するといいでしょう。

レッスンポイント③
どちらが◎かな？

両手が肩のそばを通る時と、両手が身体から離れてしまうときの、力の入り方の違いが体感できれば、このドリルは成功です。④と⑤のストップモーションを見せながら、教えていくといいでしょう。

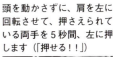

打つ⑫ 〝振り遅れ〟を防ぐために①

両手の位置を教えましょう

難易度
★★★★

適正人数
1～2人

レッスンポイント①
〝振り遅れ〟とは？

〝振り遅れ〟とは、文字どおり「振るのが遅れてしまう」ことにより、凡打となるミスの一種です。打者にとって、この〝振り遅れ〟によって打ち取られてしまうことは、精神的なダメージが大きく、それだけに「振り遅れたくない」という気持ちから、その逆となる動きのミス＝早く振ろうとしすぎる→身体が開く・身体が突っ込む（投手方向に移動しすぎる）・引っかける（打点が投手寄り過ぎる）・低めのボール球を振って

① 〝両手が体の前にある〟（グリップが肩幅の中にある）

両手を胸の前であわせます

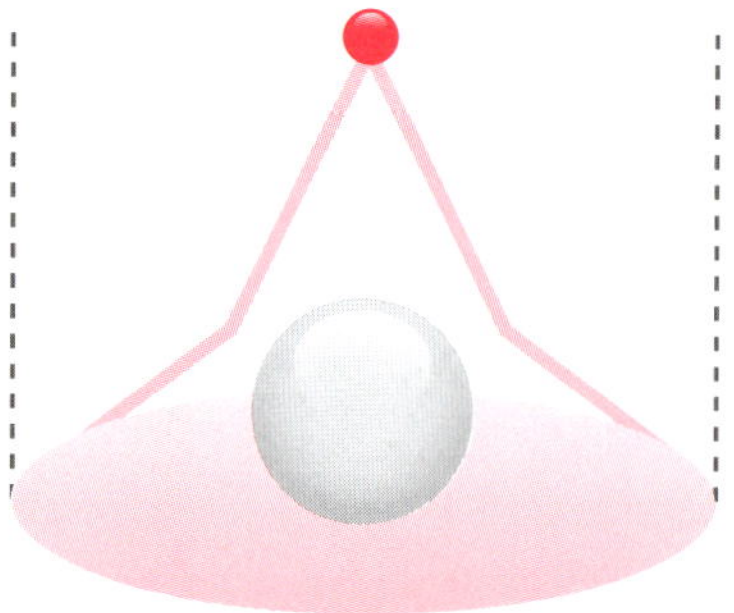

力《パワー》が伝わる

④ 両手が身体からはずれている（グリップの位置が肩幅の中にない）

合わせた両手を右側にずらして、肩幅の外側（脇腹の横）に起きます

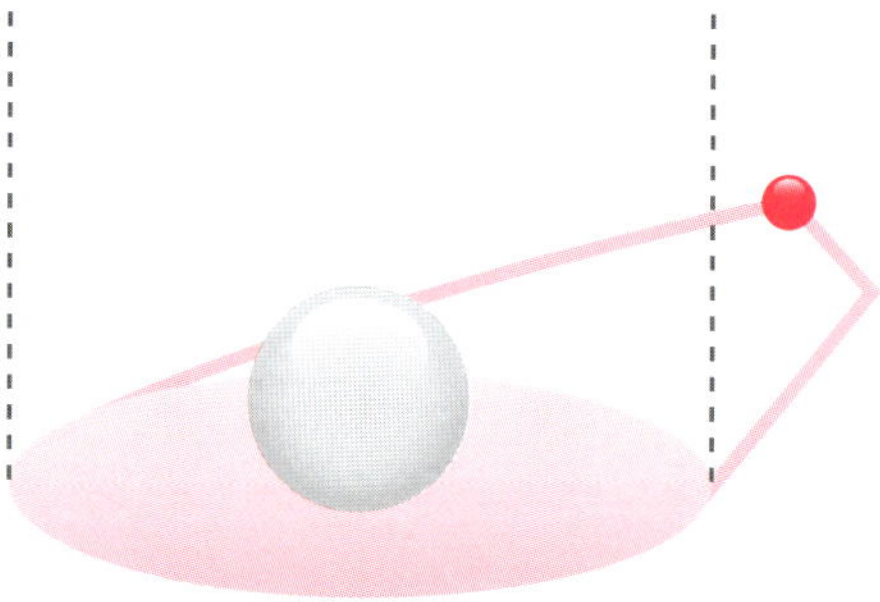

力《パワー》が伝わりにくい

② 胸の前で両手をあわせて押さえるよ

コーチが子どもの左側に立ち、あわせた両手を押さえます

③ 力を入れて回す

頭の位置を動かさないで、肩を左に回すように力を入れてコーチの手を押します

振り遅れない

バットを持つ両手に、力が伝わるから

⑤ 合わせた両手をわざとずらして

コーチは子どもの背中に立ち、へその向きは変えずに正面を向いたままで、あわせた両手だけを脇腹の横にずらします

⑥ 力を入れてごらん入るかな？

③と同じように、肩を左に回すようにコーチの手を押します。両手の位置が、胸の前からずれていると、回そうとしても上手く力が入らないことを実感させます

振り遅れる

バットを持つ両手に、力が伝わらないから

しまう…を引き起こします。

レッスンポイント② この勘違いが〝振り遅れ〟を生んでしまう

子どもたちに指導していると、振り遅れている子がとても多いことに気づきました。聞いてみると、「〝手(グリップ)を後ろに(キャッチャー側に)残せ〟と言われている」と口にする子が多くいました。この「手を残せ」をやろうとすると、両手が身体から外れてしまい、バットを持つ腕に力が伝わらず、振り遅れの多いバッターになってしまいます。このような場合には、グリップと右肩の距離(10㎝位)を一定に保つよう指導しています。

打つ⑬ “振り遅れ”を防ぐために②

右肘の位置を教えましょう

難易度 ★★★

適正人数 1～5人

❶ 構えて

バットを持たずに構えを取ります

❷ 右肘をさわって

①の体勢から右腕は動かさず、左手の指先で右肘をさわります

❸ テークバック

右肘をさわったままでテークバックを取ります

レッスンポイント①

右肘の位置＝？

このドリルは、右肘を左手でさわりながら動くことにより、腕が遅れて肘が右側にずれてしまうことなく、常に上半身の正面の中で動いていることをわかりやすく体感できる練習法です。「右肘の位置」＝「手の位置」（打つ－⑫）と考えていいでしょう。

レッスンポイント②

極端なデモンストレーションを

悪い動きの見本を見せるときは、

④ 右肘さわったままでダウン（良い動き）

左手の指先で右肘をさわったまま、スローモーションでダウンスイングの動きに入ります

⑤ グッドなインパクト

肘をさわったまま、インパクトの位置でストップします。へその前に右手のグーがあればグッドです

⑥ ナイスバッティング

GOOD

⑦ 右肘離してダウン（悪い動き）

指先から右肘を離して（ずらして）、ダウンスイングを行ないます

⑧ 右肘離してインパクト

そのままインパクトまでスローモーションで動きます。右肘が身体の正面にありません

⑨ 振り遅れ

NO GOOD

大げさにやるといいでしょう。極端に動くことで子どもたちへの印象が強くなります。また、スローモーションやストップモーションで見せることも効果的です。デモを見せる時には、子どもの目線から見える角度に気をつけながら行ないましょう。

　野球の経験がない方でも、〈良い例〉〈悪い例〉のストップモーションを子どもたちに見せることは十分に可能です。鏡や携帯の自撮りで、自分の止まった姿を確認しながら、本書の写真などを参考に教えてみてください。この時、〝打てている〟〝ミスっている〟などを表情で表すことも大切です。

打つ⑭

力強い打球を打つために

軸足の動きを教えましょう

❶つま先トントン

軸足（右足）のつま先でトントンと小さい穴を作らせます

❷穴を掘るよ

さらに深く掘るために、親指付け根（母指球）と親指の腹で掘る準備をします

❸グリグリ

体重を乗せて、ぐりぐりと深く掘らせます

難易度

★★

適正人数

1人〜3人

レッスンポイント①

グリグリと穴を掘る

右打者の軸足は右足です。ぐりぐりと足を動かし、地面に深い穴を掘ろうとする動きと、バッティング時の軸足の動きはよく似ています。

レッスンポイント②

軸足が倒れるのはNG

フィニッシュ（振り終わり）で、かかとがホームベース側に大きく倒れてしまうのはNGです。身体の開きが早すぎると倒れてしまいます。

○良い例

かかとが空（上）を向き、内股がピタッと閉まっています

×悪い例

かかとがホームベース側に大きく倒れています

レッスンポイント③

インパクトの瞬間は？

インパクトの瞬間、後ろ足親指の腹に体重がかかり、軸足の力で遠くへ飛ばす代表が松井秀喜選手です。反対に、前足に全ての体重をぶつけ、つま先が地面から浮く代表はイチロー選手です。私は、両者の中間（＝真ん中体重）を標準として教えています。

プラス・チェック

「ユルユルグリップのすすめ」

飛ばすために必要な〝グリップの柔らかさ〟

私はバッティングを教える時にグリップを柔らかく持つことの大切さをよく話します。ギュッとバットを持った時に、手首は硬くなります。硬くなった手首では、スイングにスピードがつきません。ここ一番の大事な時でも、グリップは常に柔らかく持てる力の入れ方を教えましょう

打つ⑮

打球を遠くへ飛ばすために

右手のひらの向きを教えましょう

難易度

★★★

適正人数

1～3人

❶ 右手グーでパンチの構え

打つときのスタンスをとり、右手でグーを作ります

❷ 右手でパンチ

右手のグーで出来た握りこぶしでパンチをします。この時、手の甲が地面（下）を向き、手のひらは空（上）を向くように

❸ そのままでパーに

②で突き出した右手のグーをパーにして、手のひらの向きが空（上）に向いていることをチェックしましょう

《良くない例》

かぶせすぎはNG

早めに手を返して、引っかけるような格好をします

パーがピッチャー向き

その形でパーにすると手のひらは、空（上）を向かず、ピッチャーを向いているでしょう

レッスンポイント

右手パンチ　ドリルの効果

①から③のドリルを行った後に、④から⑥のスイングチェックを行うのがいいでしょう。バットを持たないドリル練習は、子どもの意識の分散を防ぎ、練習の目的が伝わりやすくなります。またこのドリルでは、インパクト時の右手のひらの向きと同時に、正しい下半身の動きを覚えることができます。ピシッとパンチをすると、両足の内側（内転筋）がキュッとしまった、正しい下半身の動きが感じ取れます。

❹ インパクトでストップ

今度はバットを持ちインパクトの型をつくります。はっきりと「ストップ」の声をかけて、コーチがバットを持ちます

❺ 右手を離してパーに

コーチがバットを持ったら、右手のひらをバットから離しパーをつくります

❻ 手のひら、空（上）に向いているかな？

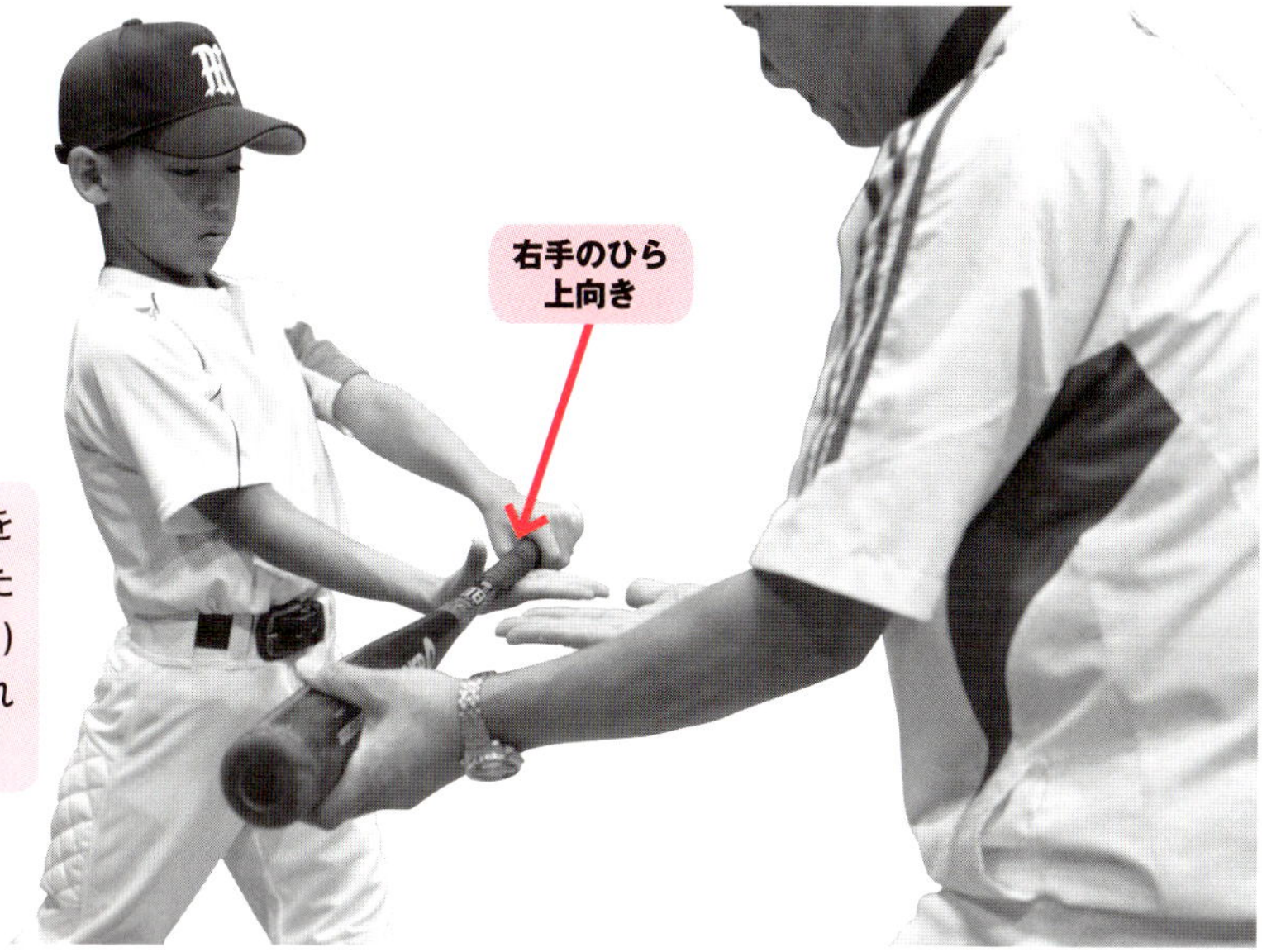

手のひらをパーに開いた時に、空(上)を向いていればOKです

プラス・チェック

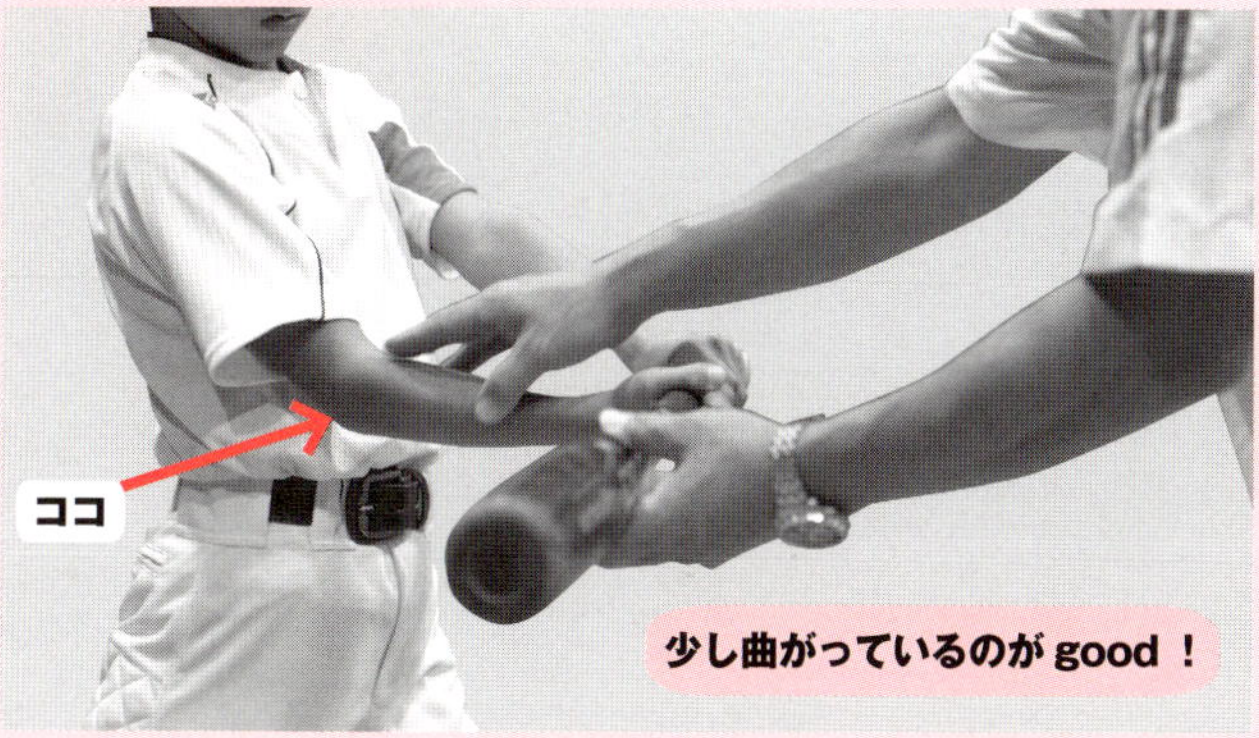

インパクト時の右肘は？

右手でパンチをした時（＝インパクト）に、右肘を伸ばし切らないように教えます。レッスンをしていると、右腕を伸ばすのが正解と誤解している子を多く見かけます。しかし、伸ばしきった状態では、ボールを“押し込む”ことができません。プロの選手がホームランを打った瞬間（インパクト）の写真を見せてあげるのもいいでしょう

打つ⑯

グラグラしないスイング軸を作るために

頭の位置を教えましょう

難易度
★★★

適正人数
1～4人

❶ストップ！
素振りをさせてフィニッシュ（振り終わり）で、ストップの声をかけます

❷振るなよ
子どもの目を見て「振るなよ」と、声をかけてから子どもに近づきます（いきなり振り戻してくる子がいます。十分に注意を）

❸バットを離して前で持って
頭の位置やへその向きを変えないままで、バットを胸の前に両手で持たせます

レッスンポイント①

押し相撲

このドリルを行なうと、頭の位置の違いによって「力が入る・入らない」が、とてもよくわかります。大人でも子どもでも同じように違いを感じます。「身体って不思議だなぁ」と感じることが良くあります。

レッスンポイント②

身体で覚えるドリル

私は、なるべくスイングドリル（スイング体操）を多用しながら、子どもたちにいい動きを伝えたいと思っ

❹押してごらん

腕の力だけで押す

コーチはバットをしっかりと持ち、子どもにバットを押させます。"押し相撲"の状態です

❺頭を前にずらしたところで押してごらん

腕の力だけで押す
体重をかけない

頭約2個分をピッチャー側にずらして、その状態から④と同じようにバットを押させます。④よりもバットを押せないはずです＊この時、頭を倒しながら押すのはNGとして、あくまで腕の力だけで押すようにします

❻頭を後ろにずらしたところで押してごらん

今度は⑤と反対に、④の位置よりもキャッチャー側に頭1個分ずらしたところでバットを押させます。④に比べて、押せないことがはっきりとわかるはずです＊この⑥のやりすぎは、NGです。腰を痛める危険があります

ています。なぜならば、そのほうが子どもたちにとってわかりやすく、正しい動きが早く身につくからです。ちょっとした勘違いが、子どもの上達を遅らせてしまうことを、なるべくなら避けたいものです。皆さんも、試行錯誤しながら、わかりやすいドリルを考え出してみてください。これはたいへん楽しいことです。

プラスα

このページと次ページの2種類のドリルは、私が野球指導の研修を受けていたジャイアンツアカデミー（巨人軍が運営する少年野球教室）の倉俣徹元ヘッドコーチ・現 同アカデミー副校長に教えて頂いた指導方法です。倉俣コーチは、私が師と仰ぐ野球指導者であり、豊富な知識と経験を兼ね備えた素晴らしい方です。

打つ⑰ 力強いバッティングをするために

体重バランスを教えましょう

難易度
★★

適正人数
1～5人

❶振ってストップ

フィニッシュ（振り終わり）で止まります

❷背中に回って

止まったことを確認してから背中側に回ります

❸おへそ下げて10センチ

両膝を曲げて、へそを10センチくらい上げ下げします。数回繰り返し、「両膝ともに同じだけ曲がるよね」「両足とも同じ重さが、かかっているよね」と声かけします

一般的なスイング

レッスンポイント①

自分で感じさせる

このレッスンも打つ⑯と同様に、自分の体で感じさせるドリル練習です。④の突っ込むスイングになると、当たり損ねの内野フライや凡ゴロが多くなります。反対に、⑤のそっくり返ったスイングでは、高いバウンドの内野ゴロが多くなります。

レッスンポイント②

ミスタータイガースの教え

元阪神の掛布氏が、キャンプ中の若手選手に全く同じことをやらせていました。プロの選手でも、少年野球の選手でも、身体のつくりとしては同じなので、指導内容が同じなのだなと感じました。

❹頭が出てしまうと「前足きついね」

頭の位置を左膝の上ぐらいにずらして、へその上げ下げをします。前足（左足）だけ重く感じ、曲げるのがきついのがわかるはずです

泳いだスイング

❺頭が残りすぎると「後ろ足きついね」

頭を右足のかかとの上くらいにずらします。右足が重くなり、曲げにくくなります。＊大人が無理に行なうのは腰に負担がかかるため NG です

そっくり返ったスイング

配置図

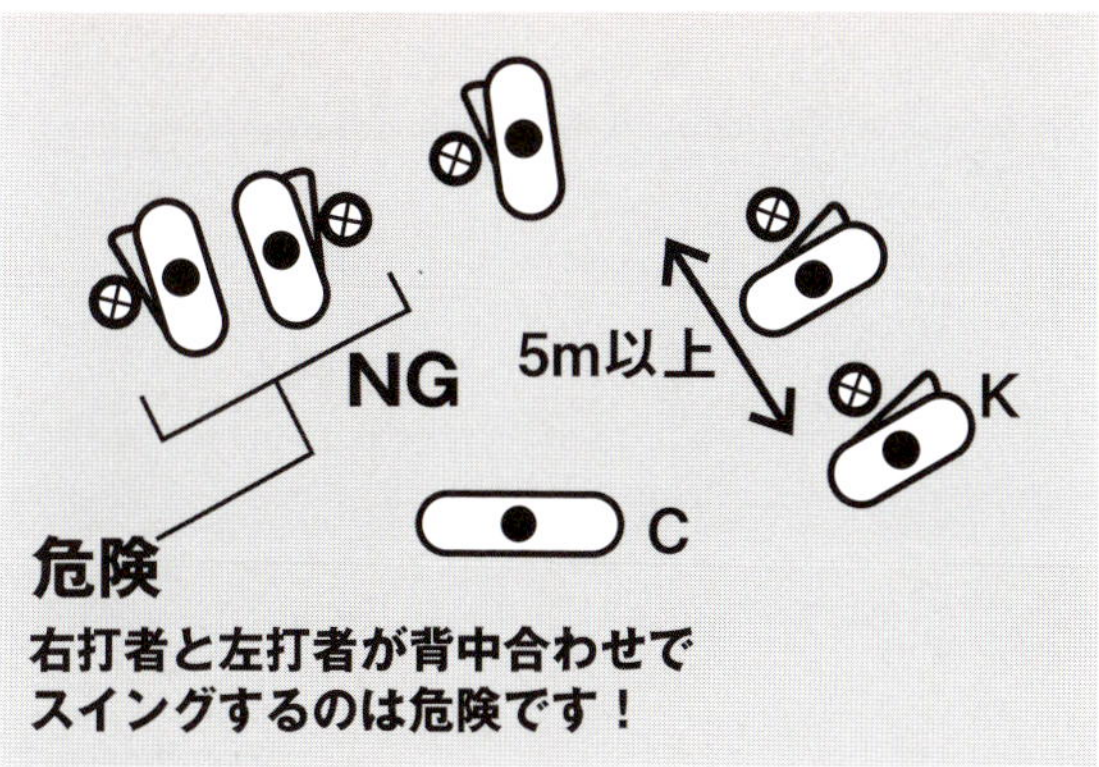

打つ⑱

下半身の力を使って打つために
体重移動振りを教えましょう

難易度
★★★★
適正人数
1～2人

❶ハイッ　動くよ

足幅を広くとり、バットを持たないで構えさせます。コーチは、背中側に回り両腰を持ちます

❷イチ（左）

「イチ」のかけ声で、へそを左かかとの上にずらし左足体重にします

❸ニー（右）

「ニー」のかけ声で、へそが右かかとの上に来るように右足体重にします

❹ビュン！

「ビュン」のかけ声で真ん中体重に戻り、一気に振る動きをします

レッスンポイント①

トップスイング

トップスイング（振りだす直前のいちばん捻った状態）の時に、右足付け根に体重がかかり、「力の溜め」が感じられればgoodです。体が捻じられていることを実感させるために、補助するコーチは両腰を3～5センチくらい、右に回してください。

頭は動いていいの？

目的に合わせたレッスンを

体重移動を使ってダイナミックに

⑤イチ（左）

今度はバットを振ります。コーチは前に立ちます

⑥ニー（右）

しっかりと右体重のトップを作ります

⑦ビュン！

一気に振ります

⑧OK！

真ん中体重でビュン！と振り切ります

打てるようになる…これがこのレッスンの目的です。上半身(頭の位置)を左に右にと大きく動かすことにより、膝や腰の動きなど言葉では伝えきれない独特な感覚がつかめる練習です。普段のアドバイスでは「頭を動かすのはダメ」と教えていると思われますが、このドリルの時に限っては、頭の揺さぶりについてはノータッチとしてください。

プラス・チェック

スウェーはNG

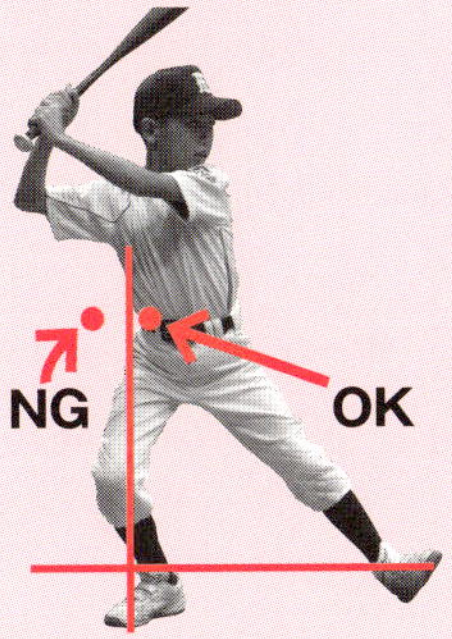

右足に体重を乗せた時に、右の腰骨が右かかとよりも右側に出てしまうのはNGです。ゴルフで言うところの「スウェー」と同じで、振る力につながりません。足の付け根(股関節)に、折れ目ができた構え(「打つ-④構え」を参照)は、スウェー防止につながります

打つ⑲

鍛えながら力の入れどころを知るために

連続素振りを教えましょう

難易度

★★

適正人数

1～5人

❶振り終わった体勢から

フィニッシュで一度ストップします

❷バットの先を下げることなく

バットの先を下げないで、バットを持つグリップが顔の前を通るようにして振り戻します

レッスンポイント①

連続素振りの効果

通常の1回ごとの素振りとは違い、振ってまたすぐ振るこの連続素振りでは、〝力を入れる・力を抜く〟の繰り返しにより、自然と力の入れどころが覚えられます。また、続けて振ることにより、打つために必要な筋肉そのものをしっかりと鍛えることができます。

レッスンポイント②

しっかり戻して

ただ続けて振るのであれば、腕だ

❸ (トップまで) しっかり戻して

腕だけでバットを戻すのではなく、膝を使ってトップまで振り戻します

❹ ビュン!

腰もしっかりと捻り戻されたトップから全力でスイングします

けで戻しても振ることができます。しかし、それでは効果的な練習になりません。コーチは「しっかり戻して」と言い続けて下半身を使ったいい練習をさせましょう。

過ぎたるは… 回数やセット数に注意

効果的な練習も体力に応じた負荷で行なわなければ何にもなりません。この連続素振りの回数は、10回を1セットとして、それを自分の学年の数だけ振りましょう。5年生ならば10回×5セットを目安として行なってください。マスコットのような重いバットで振るのはNGです。なお、握力がまだ弱い小学3年生以下のお子さんには適さない練習です。万が一バットを手から離してしまったら危険だからです。

打つ⑳

デッドボールのよけ方を教えましょう

アクシデントから身を守るために

難易度
★★★
適正人数
1～3人

❶背中ひねって

へそをキャッチャーに向けて上半身をひねります

レッスンポイント①

よけ方の3種類

デッドボールのよけ方を3種類にわけて練習します。①の背中付近にきたボールは、タイミングよく上半身をひねりながら、よけます。当たったボールが足元にポテッと落ちることなく、弾かれるように転がっていけばＯＫです。②の膝付近にきたボールをよけるのは、けっこう難しいものです。お尻を思いっきり引いて、つま先立ちになってよけて下さい。③の頭付近のボールは、すばやくしゃがんでよけるように教えま

② お尻引いて

お尻を思いっきり引いてよけます

③ ストンとしゃがんで

ヘルメットがストンと落下するようにしゃがみこみます

しょう。しゃがんでよけることができるようになったら、バットを倒してよけるとファールにならないことも伝えます。

レッスンポイント②　柔らかボールで練習を

軟式テニスなどのゴムボールを使い、７m位離れた所から投げて練習するといいでしょう。ゴムボールならば子ども同士で投げ合いながらの練習もできます。

余談

時代は変わった

「当たってでも塁に出ろ」　軟式ボールを使っていた中学生時代には、それが当たり前でした。しかし、高校生になって入学間もない試合でインコースの球をよけないで肘にボールが当たった時には、飛び上がるほどの痛みでした。デッドボールは上手によけて、ケガをしないで打席に立って、打って塁に出る。いまは、それが正解だと思っています。

打つ㉑ 試合で打てるようになるために

狙い球とは？を教えましょう

≪打ちにくい球＝ボール球≫

打ちにくい
↑
捕りにくい

難易度 ★★★
適正人数 1～3人

レッスンポイント①

ボール投げで…

バットを持たずにコーチに向かって打つ構えをとらせます。コーチは「右手でボールを捕るんだよ」と言い、子どもの胸とへその中間くらいにフワッとしたボールを投げて捕らせます。次に上の写真のように低めいっぱいのところに投げてみます。

質問します

どっちが○かな？

「どっちのボールが捕りやすかったかな？」と聞いてみます。「最初の

≪打ちやすい球＝狙い球≫

打ちやすい

↑

捕りやすい

「ボール」と返事を聞いた後に、「打つ時は、自分の手とボールの間にバットという道具が入るから、余計に『捕りにくいところ＝打ちにくいところ』となるし、それに比べて『捕りやすいところ＝打ちやすいところ』なんだよ」と説明します。加えて「だいたいの人は、へそくらいの高さで、身体に近いところ（＝内角）のボールの方が、膝くらいに低くてへそから遠いところのボールよりも打ちやすいんだよ」「だから、2ストライクまでは、その辺のボール＝捕りやすかったボールを打っていくんだよ」と狙い球についての説明をしていきます。子どもたちは、ボールの捕りやすい・捕りにくいについての実体験ができているので、この話に「なるほど、なるほど」という表情になって理解を示します。

打つ㉒

相手に合わせたバッティングをするために打席での立つ位置を教えましょう

難易度
★

適正人数
1～5人

相手ピッチャーの投げるボールはスピードの違いによって通りみちが変わってくる

レッスンポイント①

相手投手にあわせて

相手投手の球速に合わせて、バッターボックスの立つ位置を変える工夫をしていくことを教えます。球の遅い投手の場合には、ボールが膝下に沈み込む前に打ってしまいたいのでバッターボックスのいちばん前（投手寄り）に立つよう話します。反対に、球の速い投手の場合にはいちばん後ろ（捕手寄り）に立ちます。そして、そこまで速くはない場合には、いちばん後ろには立たないことを勧めています。球の速い投手が出

❶ 前（投手寄り）に立つ

❷ 真ん中またはやや後ろ

❸ 後ろ（捕手寄り）に立つ

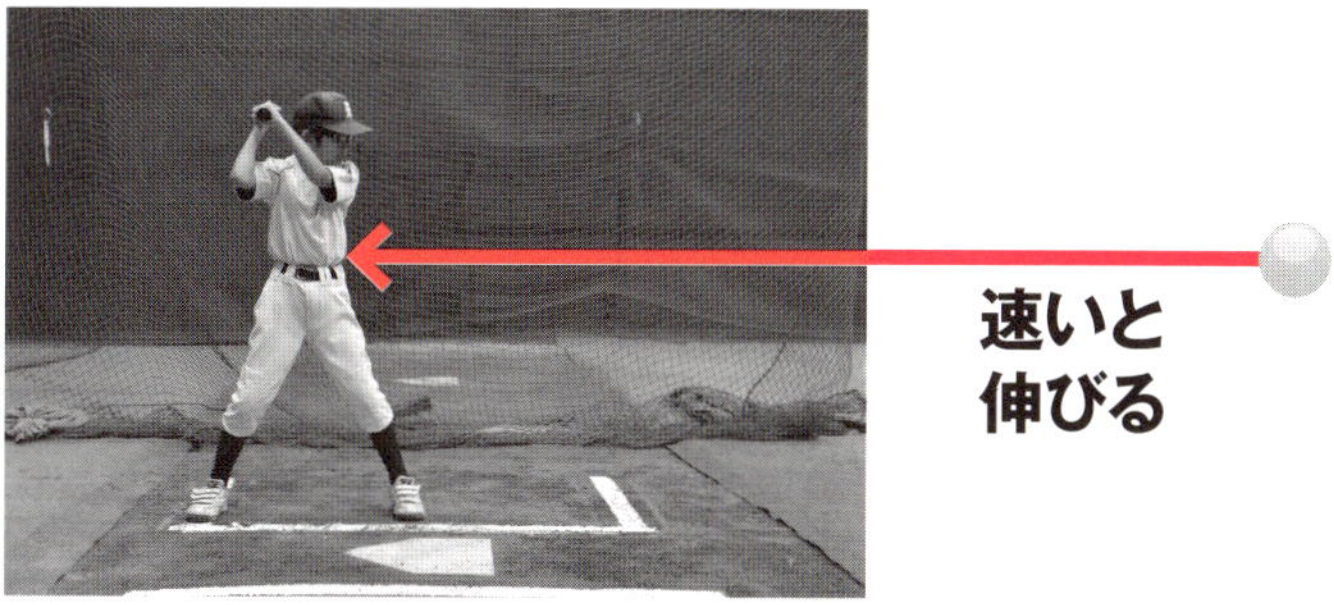

プラス・チェック

速いボールを打つための5つのポイント

①捕手寄りに立つ
②バットを短く持つ
③タイミングを早めに取る
④ポイントを前にする
⑤低めを狙う

⑤低めを狙え !! のススメ

速球投手の高めは打つな！
高めは捨てて低めを狙え！ではなく……

確かに高めの速い球は、普段見慣れていないだけに難しいものです。しかし、高めは…高めは…と指示されていると、ついつい高めの球が来た時に手を出してしまいがちです。

ならば〝低めを狙え〟でいきましょう。目線を低く合わせていると、自然と高めには手を出さなくなります。言葉の影響は大きいものです。

てきた時にだけ、下がる癖をつけた方がいいのです。

打つ㉓ 試合で良いバッティングをするために

好球必打を教えましょう

難易度 ★

適正人数 1～10人

❶「好球必打」…なんて読むのかな？

❷「その意味は？」コーチの考えは…

好 → 好きな
球 → 球なら
必 → 必ず
打 → 打てる!!

レッスンポイント①

読み方の違い

「好球必打」…なんて読むのかな？と質問すると「こうきゅうひつだ」と読める子がいます。「では、どんな意味かな？」と続けて聞くと、「好きな球は必ず打つ」と答える子がいます。そこで私は、「惜しいな！間違いではないけれど…」「コーチはね、『好きな球なら、必ず打てる！』と考えるよ」子どもたちもなるほどと理解を示します。

③好きな球なら“必ず打てる”だよ

④嫌いなボールに手を出すのはNG!

試合中のかけ声は

試合中の子どもにバッターボックスの中で考えさせてしまうことはNGです。「好球必打＝打ちやすそうな球は、迷わずドンドン振っていく」というシンプルな教えで、試合中は子どもに必要な声だけをかけていきましょう。バッティングフォームを直すようなアドバイスはNGです。

レッスンポイント②

好球必打だから…

「誰でも自分の打ちやすいところと、打ちにくいところがあるよね。試合でバッターボックスに立った時に、0（ノー）ストライクや1（ワン）ストライクなら『好球必打』だよ。だって打ちにくいストライクを見逃しても、まだ三振ではないからね。だから、自分の好きな＝打ちやすいボールを打つんだよ。だけど、2（ツー）ストライクを取られていたら、今度はストライクゾーンを広げて多少のボール球でも打っていくんだよ」このことは、小学生に限らず、プロの選手にも通ずる話だと思います。

打つ㉔

守備を鍛えるために

上手なノッカーを目指しましょう

難易度

★★★★

低くて強めのゴロ

低い体勢から

低いトスを上げて

外野フライ

胸から上げて

おでこの高さで

キャッチャーフライ

トスは思い切り真上に

右耳への落ち際のボールを

ノックのコツは?

トスと打点の高さにあり

ノックのコツは、スイングの上手・下手と同じくらいに、トスアップの正確性にあります。打ちたいボールに合わせて、打ちやすい打点にトスアップできるように練習しましょう。

低くて強いゴロ

低いバウンドで強めのゴロを打つのは、以外と難しいんです（特にバウンドする軟球の場合には）。コツは、トスしたボールが地面ギリギリの高さに来たときに、打つようにす

地面ぎりぎりまで我慢して

地面に吸い込ませるように打ちます

フィニッシュも低く

弾道に沿って

パカ～ンと

ボールの少し左側を狙って

天に向かって

パカ～ンと（腰は大丈夫？）

ること。感覚的には、地面から20～30センチの高さの球を、ややダウンスイングで打ちます。

外野フライ

胸の前からトスを上げて、おでこの高さぐらいに打点を設定します。飛ばしたい弾道に沿って、バットを振っていくと、きれいな放物線のフライが打てます。

キャッチャーフライ

キャッチャーフライを繰り返し打つことは、非常に難しいことです。コツはトスを真上に上げて打つことです。真上と言うよりも、右耳または右肩に落ちてくるように上げたトスを打つようにします。キャッチャーフライのノックは、ぎっくり腰になりやすいので、無理は禁物です。

Column

素振りの練習について

❶ 素振りの意義

ボールを打たない素振りはとても大切であり、効果的な練習です。実際のボールを打たない練習なので単調になりがちですが、「素振りの良さ・大切さ」を子どもたちに話すと「そうか、そうか」という表情を見せます。それでも「え～素振り？」「つまんねぇ～」「打ちてぇ～」という表情を感じたら、次の順序で話をします。

「素振りは、ボールを打たない練習だね ⇒ 打たなくて良いから、自分の型やタイミング（時間）でバットが振れるよね ⇒ 直した方が良いところに気をつけて振ったりもできる ⇒ ボールに当たらない心配がないから、思いっきり振れるよね ⇒ そうすると、振り方が良くなって『自分の型』ができてくるんだよ ⇒ バッターとしての〝地力《じりき》〟がついてくるんだ⇒地力をつけて、強い自分になって、相手のピッチャーと勝負するのじゃ！」こんな感じです。

私は、小学生の頃は誰に強制されるわけでもなく、ただただバットが振りたくて家の前で素振りをやっていました。中学生になると、たいへんに厳しい監督さん（森 新先生／横浜市立永田中学元教諭）の指導のもと、毎朝約1時間、たくさんの素振りを強制的に〝やらされて〟いました。高校生になると、部員の自主性を大切にして下さる監督さん（片岡 暢先生／横浜市立南高校元教諭）のもと、毎朝毎夜、同期の仲間たちと素振りやティーバッティングに明け暮れました。ちなみに、中学時代のレギュラー９名のうち３名が、その後プロ球団に進みました。普通の公立中学の野球部なので、珍しいケースだと思います。中学生時代に毎朝積み重ねた練習が、高校生になって活き、スカウト陣の眼にとまったのかもしれません。

❷ 素振りの回数

私は小学生に対して「自分の学年× 10 回」の素振りを勧めています。この回数をできれば毎日（月～金）振ったらいいよと、伝えています。3年生だとわずか 30 回です。５分もしないうちに終わってしまいます。でも、いいんです。少ない回数をしっかり振る…これが大切です。しっかり振るとは、実際にピッチャーが投げてくるボールを想像して「打つ」。打った球まで想像できれば、なおいいでしょう。これは、私が中学時代に口を酸っぱくして森先生から言われ続けてきた教えです。

後々に知りましたが、あのミスターベースボール 長嶋茂雄 読売ジャイアンツ終身名誉監督は、この「相手をイメージして振る」ことを、ものすごく大切にして鍛錬されていたそうです。

❸ 素振りに使うバットの重さ

試合で使うバットの重さ・プラス 100 ～ 200 グラムまでをお勧めします。時折、小学生がマスコットバット（1000 グラム～）やバットリング（300 ～ 400 グラム）をつけて素振りしている姿を見ますが、私はよくないと思っています。腰椎分離骨折や手首の炎症など、重すぎるバットを振らされてケガをしてしまう子が後を絶ちません。「プラス 100 グラムのバットを正しい形で鋭く振る」これが GOOD です。

第5章

走る

走る①

1塁でセーフになるために
1塁ベースの踏み方を教えましょう

難易度
★

適正人数
1～5人

❶ ここを踏むんだよ

片手にベース、もう一方の手に靴を持ち、ベースの踏むべき所に靴を合わせます

❷ 真ん中を踏んではダメ！

特に始めたばかりの子は、ベースの真ん中を踏んでしまうことがあります。滑ってしまい危ないですし、踏むのが遅くなるためNGです

レッスンポイント①
小道具を使って説明する

子どもたちに印象強く、何かを教えたいときに、小道具を使うと効果的です。この場合は、あらかじめ用意した靴を使うのではなく、そこで聞いている子どもたちの誰かの靴を使うことによって、「いったい何が始まるんだろう？」というような感じで、子どもたちが興味を示し、説明を聞くようになります。

レッスンポイント②
左・右どちらでも

③飛んではダメ！

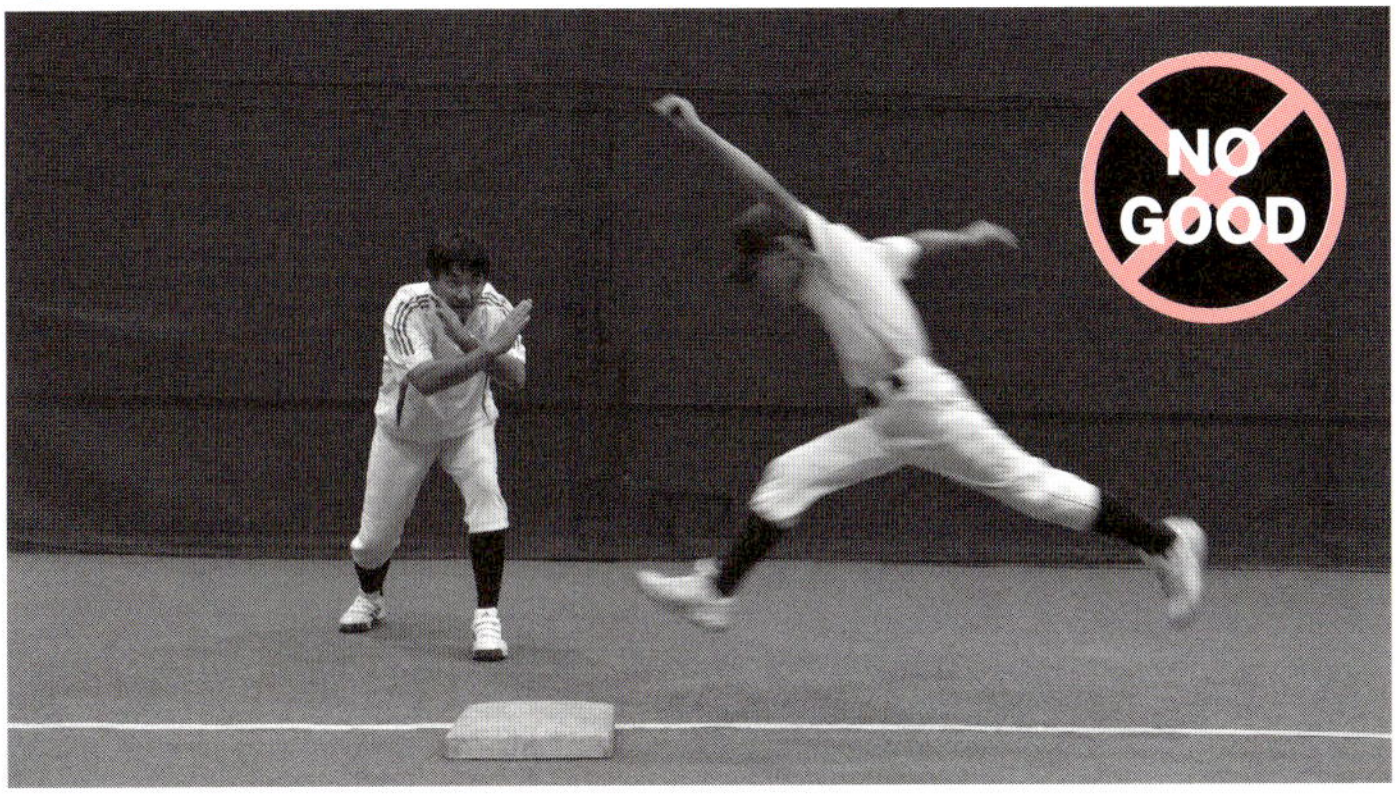

踏もうとした時に、歩幅が合わないからと、大股にしてジャンプするようにベースを踏むのはNGです。怪我につながりやすいからです

〇良い例

踏むときに上半身が前傾している。速く見えます

✕悪い例

踏むときに上半身がのけぞってしまっている。遅く見えます

左足・右足どちらでもベースを踏めるように練習しましょう。試合で歩数を合わせることはできないからです。

とても大切なこと
小中学生のヘッドスライディングはNG

まだ骨の弱い小・中学生が、1塁にヘッドスライディングをすることは良くないと、私は考えます。特に固定ベース（動かないベース）の場合、地面とベースの間に指を挟んでしまい、粉砕骨折してしまうという話をよく聞くからです。駆け抜けが難しい場面（ファーストゴロを打って、ベースカバーに入ってくる投手とぶつかりそうになった時など）では、足からスライディングをするように教えましょう。

走る②

試合で役立つ走塁をするために①

バッターランナーの走り方を教えましょう

難易度
★★

適正人数
2～8人

打った後の1塁ベースまでの
走るルートは3種類

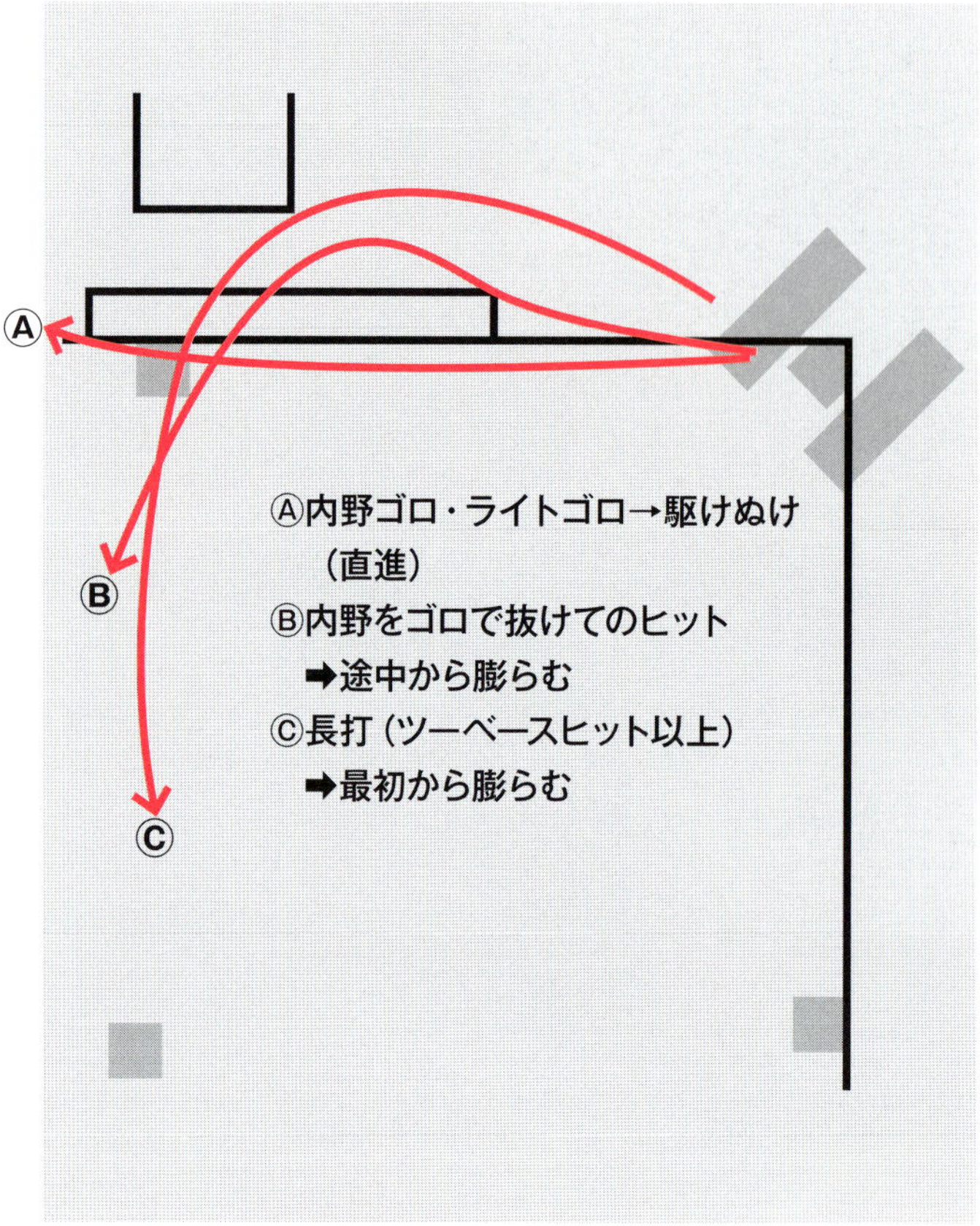

レッスンポイント①

打球を見る

バッターランナー（打った選手）は打球を見て、走り方を変えられるように練習させましょう。ゲームノック（バッターが打つかわりにノックをする）の練習で、ランナーをやらせるのもいいでしょう。

レッスンポイント②

長打は大きく膨らんで走りだす

長打（ツーベース以上）の時は、トップスピード（いちばん速い状態）

になる前に膨らんでしまい、一塁ベースを回るときにはトップスピードになって走ります。トップスピードをキープしたまま2塁・3塁と駆けまわっていけるように教えます。

Ⓑ－1
途中までは直進

打った打球がゴロやライナーで内野手に捕られそうな時は、まっすぐ走り始めます。打球が抜けたのを見たら、コーチャーボックスの手前角あたりを目指して膨らみます

Ⓑ－2
抜けたのを見て膨らむ

膨らんだ後は、２塁を狙いオーバーランします

Ⓒ
最初から膨らんで

打球が外の頭をオーバーしたり、ライン際や右中間・左中間に飛んだときには、最初から膨らんで走り出します

プラスα

少年野球のほうが難しい？

走塁に関して、大人の野球よりも少年野球のほうが難しそうだなと感じることがあります。それは、センターゴロやレフトゴロの場面です。ライトゴロならば、違和感なく駆け抜けをすればいいと思うのですが、右打者がつまりながらもセンターやレフトに抜ける鋭い当たりのヒットを打った時などは、走り出しが遅れることもあり、外野手の肩によっては一塁でアウト！となってしまいます。それに備えた練習も必要だと感じます。

走る③ 試合で役立つ走塁をするために②

駆け抜けのルールを教えましょう

難易度 ★★

適正人数 1～10人

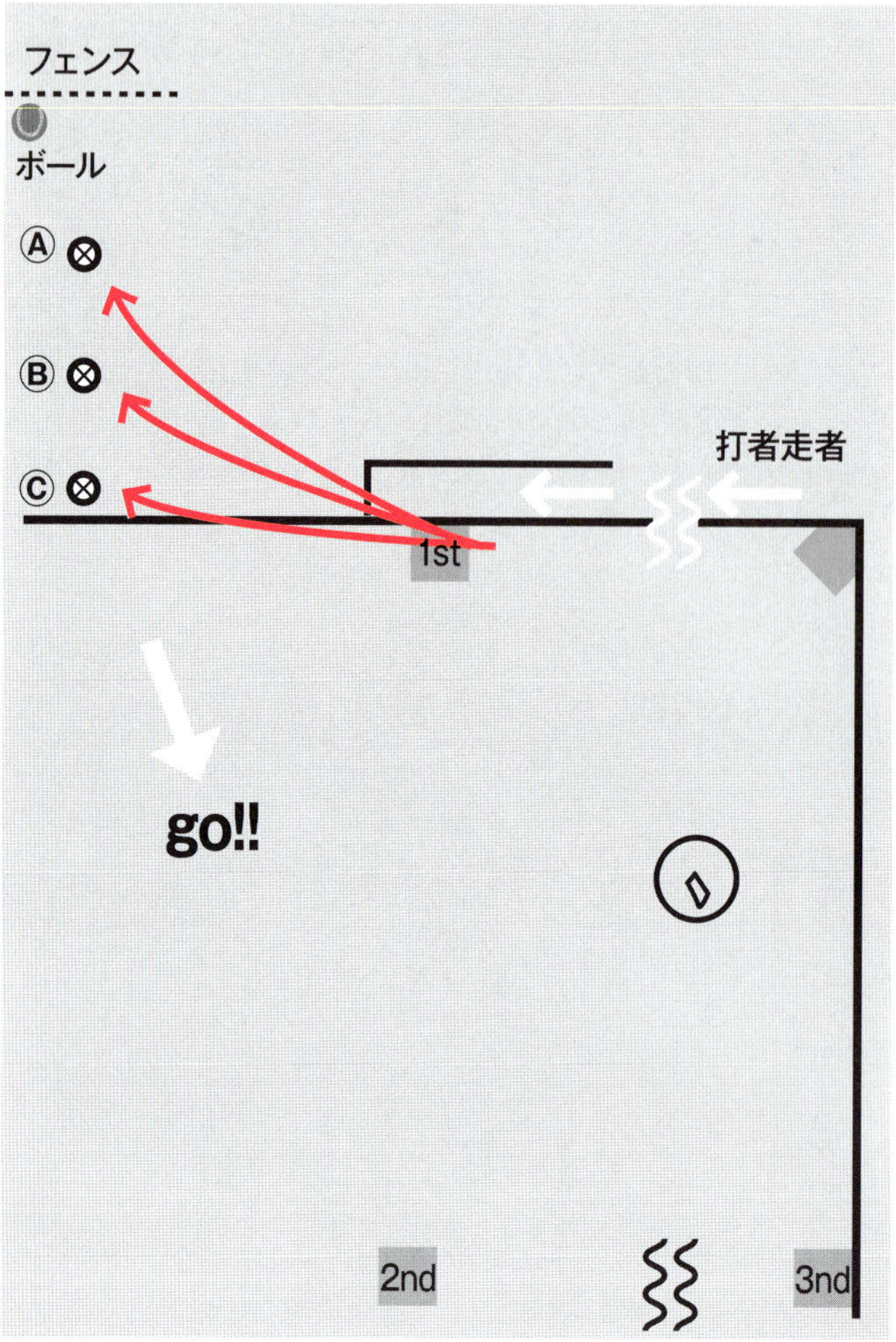

レッスンの手順

走らせながら説明を

(1)まずは子どもたちに何も指示を出さないで、一塁への駆け抜け(直進)をやります。全員が駆け抜けを終わらせた後に、「Ⓐ or Ⓑ or Ⓒどこに駆け抜けるのが正解かな?」と質問して、それぞれの場所に立たせます。

(2)答えを告げる前に、駆け抜けについてのルールを説明します。いちばん伝えなければいけないのが、『バッターランナーは駆け抜けた後、セカンド方向に走る動きをし

❶ A・B・C　正しいのは？

駆け抜けた後の位置について質問します

❷ 2塁に行こうとした瞬間＝リードだよ

「どこにいても、次の塁を狙った時からリードをしている（離塁）ことになる」

❸ ファールゾーンでもアウト

「ファールゾーンにいればセーフで、フェアゾーンにいるとアウト」と間違えて覚えている子どもと大人がけっこうが多いです。ファールゾーンにいてもアウトになる、フェアゾーンにいてもアウトにならないケースがあることを知っておきましょう

た瞬間から離塁した状態（リードした時と同じ）になる』ということです。次にわからせたいのが「Aに走ってしまと、セカンドまでの距離が遠くなるため、損しちゃうよ」です。この後に「だから正解はⒸだね」と納得させます。加えて、駆け抜けた後にたとえフェアゾーンにいても、2塁に走る動きをしなければ、アウトにはならないことを説明しながら「それでも一応Ⓒにいましょう」と加えます。

(3)ルールを理解する子どもと指導者が増えてくれば、ベースランニングの練習のときに一塁を踏んだ子が、右側に急カーブして止まり、急いでベースを振り向いて見るという姿を見かけなくなることでしょう。

走る❹

試合で役立つ走塁をするために③

オーバーランのやり方を教えましょう

難易度
★★
適正人数
1 ～ 10 人

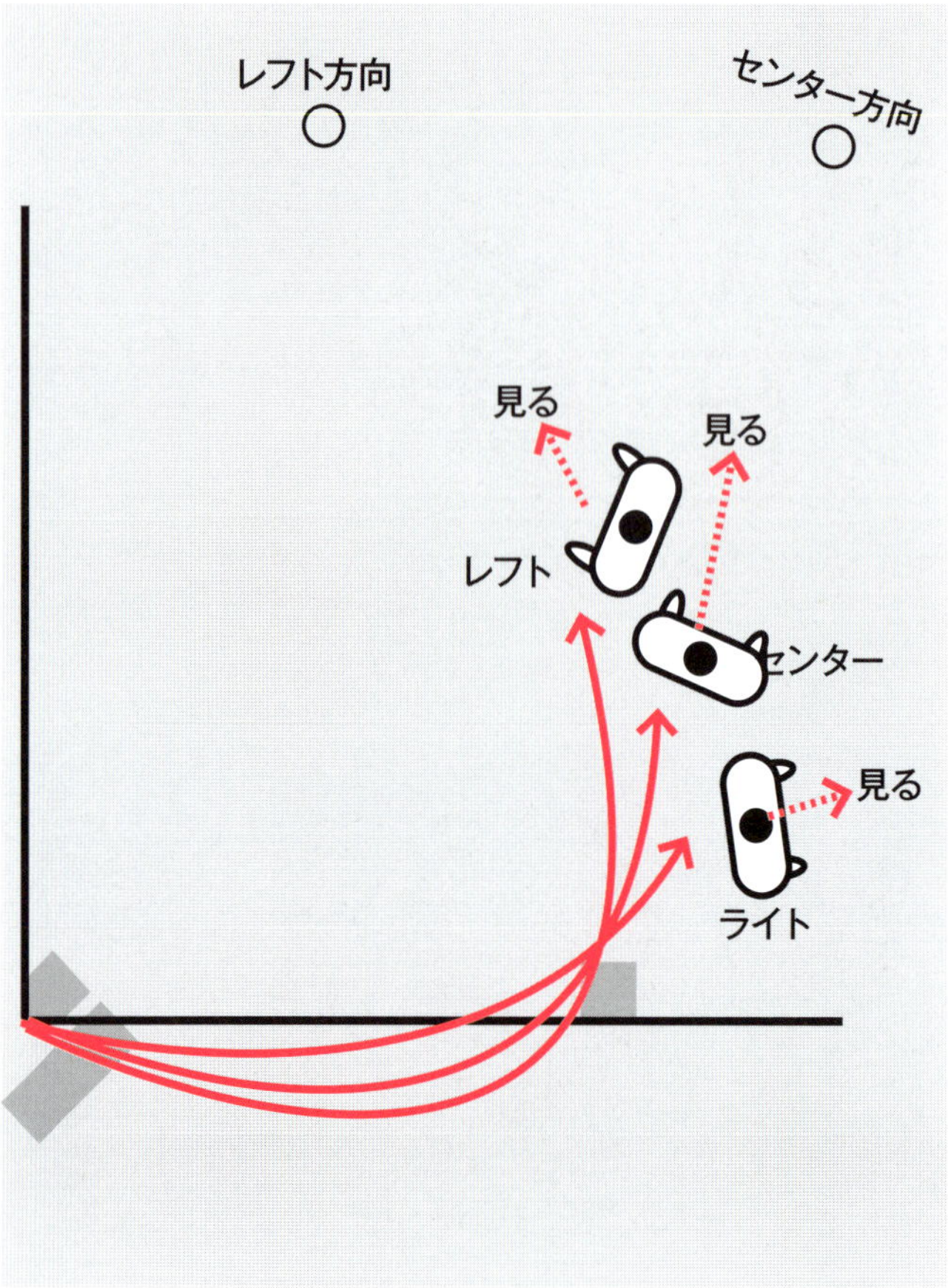

※オーバーラン（ベースを踏んだ後の走り）は、打球の方向によって身体の向きとベースからの距離を変える

レッスンポイント

次の塁を狙う意識を高める

たとえばレフト前のヒットを打った時に、1塁ベースを勢い良く回ったあと、まるで2塁に走るのかと思わせるかごとく、勢い良くオーバーランすることはとても大切なことだと説明します。それをいつも行なっていると、相手がポロッとボールをこぼした時に2塁に走れるからだと説明します。

そのあとに、レフト前の場合には1塁ベースからセカンド方向に長めに走り（距離はケースによる）、セ

❶走りながら見る

自分の打球を、相手の外野手が捕れたのか・捕れていないのかを見ることが大事です

❷行くぞ！

相手にミスが起きた瞬間に、次の塁に行けるようスピードを落とすことなく回ります

ンター前の時はそれよりも短めに、右中間の場合には身体の向きが変わり、へそがライト側の向きでストップするように教えます。

実際に守備をつけて、ゲームノック形式で練習すると効果的です。守備者が打球を捕る位置や体勢によって、どこまでオーバーランできるかの判断をさせる練習をします。

時折、守備者がポロッとミスをしたとき（わざとのミスも）、すかさず2塁に行く練習も取り入れるいいでしょう。

ランナー1塁での場合の練習も行なっておくと、さらに役立ちます。相手の守備に加えて前のランナーの動き（走るか止まるか）にも注意することを教えておきましょう。

走る5 上手なランナーになるために①

リードの大きさを教えましょう

❶ 手を伸ばして寝そべって

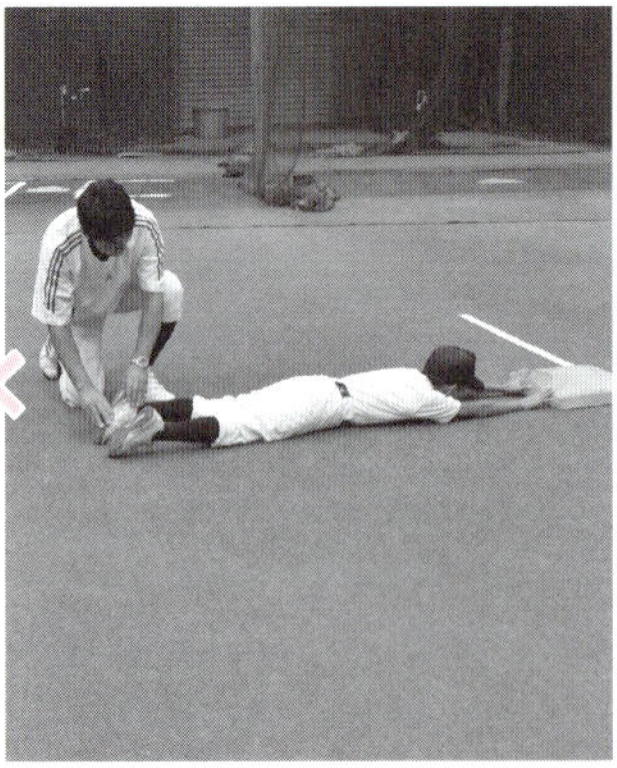

❷ 左足を動かさないで立って

❺ 開いて

❻ マーカー置いて

レッスンポイント

セーフティーリードの取り方を教える手順

❶子どもの指先を1塁ベースの縁ぎりぎりにつけて、へそを下にして（うつ伏せ）、足をセカンドベース側にして寝転がせる。子供が正しく寝ころんだところで、左足のつま先側を触って、「ここを動かしちゃいけないよ」と声をかける。

❷左足のつま先の位置を動かさずに立ち上がる。

❸左足を動かさずに、右足を肩幅よりも広め（約70～80センチ）に一

難易度
★★★
適正人数
1～3人

③一歩開いて

④そこからもう一歩

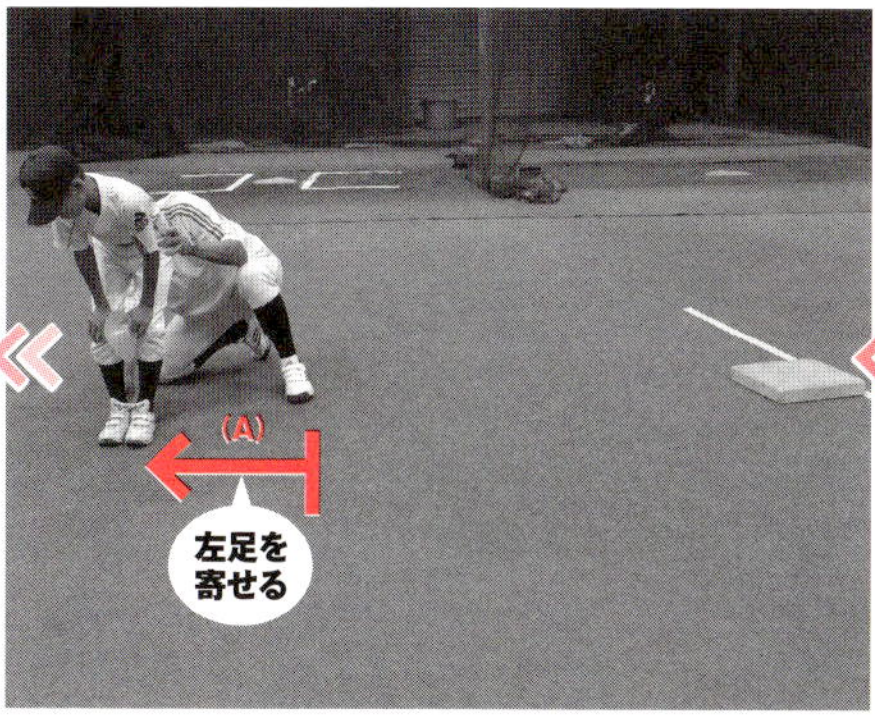

⑦セーフティーリードの出来上がり

歩、2塁側に広げる（A）。

④その体勢から左足の内側を右足の内側につける（左足を寄せる）。

⑤次に右足をさっきと同じくらいの幅で広げる（もう一歩開いて）。

⑥自分の身体の真ん中（へその前）にマーカーを置かせる。そして「そこまでが安全なリードの大きさだよ」と覚えさせる。

レッスンポイント
セーフティーリード

「この幅までのリードならば、たとえ逆をつかれた（2塁側に走りだそうとして、急に1塁側に戻る）場合でも、一歩踏み出してヘッドスライディングをすればベースに手が届くから、セーフになれる！」これがセーフティーリードの考え方となります。

走る6

上手なランナーになるために②

リードのとり方を教えましょう

難易度
★★
適正人数
1～3人

目隠しリード

教える手順

①セーフティーリードの位置にマーカーを置いて、帽子を深くかぶり〝目隠しリード〟にチャレンジ。
②セーフティーリードの大きさにピタッと合うように、リードをとり始める。
③目隠ししているため、自分の歩幅を頼りにリードをとる。
④「いち・に～・さんの・よん」「チャッチャッチャーのチャ」「タン・タン・タカターンのタン」など、自分なりの掛け声をかけながら、ココだ

❶帽子で目隠し

❹こんなものかな

② リード

③ もっとかな？

⑤ 良くできました

⑥ ここだったら がんばりましょう

と思うところでストップする。

⑤リードをとりきったところで帽子をとって、どこに立っているかをチェックする。

⑥セーフティーリードの位置に立てなかった場合は、自分なりの声をかけながらリードをとる練習を繰り返してから、再び〝目隠しリード〟にチャレンジしてみる。

アドバイス

1塁ランナーのリードについて

- ベースから 1,5 メートル位（＝身長）まで素早く離れる（早めにリードをとりきるため）
- ベースから離れたら慎重に「抜き足・差し足」風に足を運ぶ
（振り向きざまの牽制球に備えるため）
- 「どれくらいリードしたかな？大きすぎたかな？」と感じて、キョロキョロとベースを見るのは、ＮＧです。素早い牽制球でアウトになるからです

走る⑦ 安全に滑れるように

スライディングのやり方を教えましょう

難易度 ★★★

適正人数 1～5人

❶ 体育座りをして

❷ 右足を下にして

❸ ザァー！

❹ 左足を下にして

❺ ザァー！

「どっちの足が滑りやすいかな？」

レッスンポイント①
まずは座ったところから

座ったところから、左右の足を交互に膝下に入れて、形を教えます。

レッスンポイント②
やりやすい方を発見する

不思議なことに、初めてスライディング練習をする子でも、組みやすい足と組みにくい足があります。本人がやりやすい形で練習しましょう。もしも、どちらも変わらない場合は、右足を下に組むことを勧めます（牽制球に対して安全なため）。

❻ こんどは中腰から

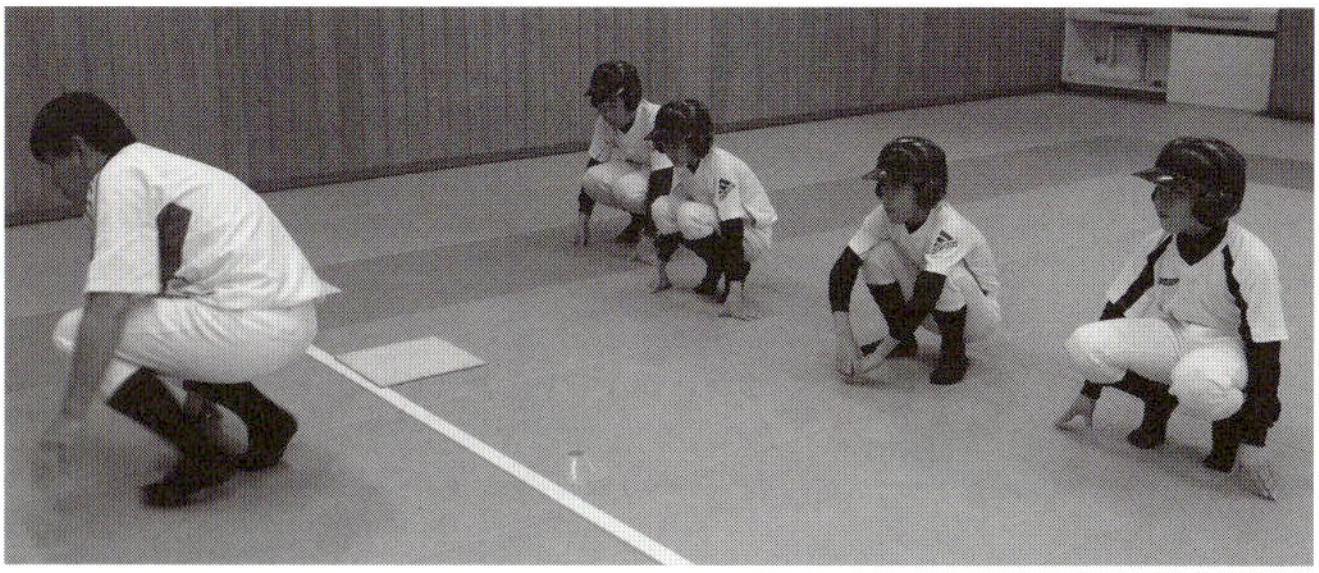

❼ 勢いつけて

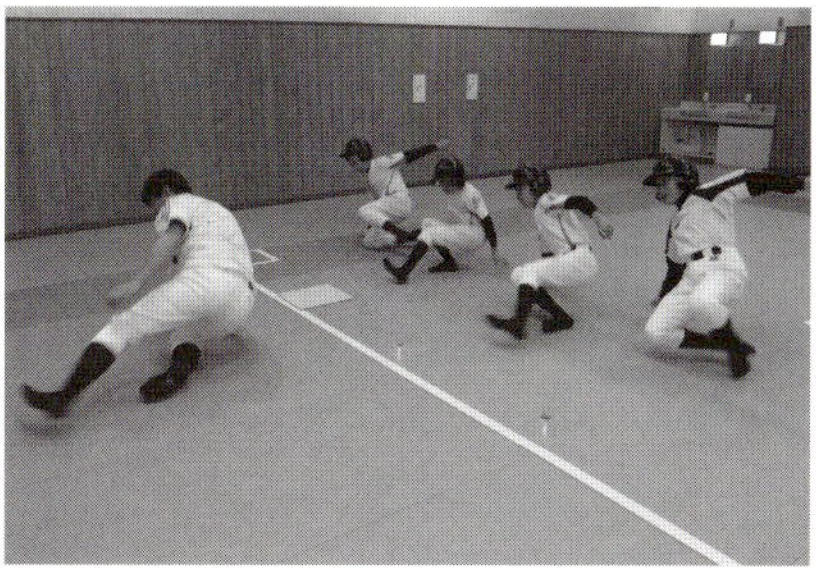

❽ ザァー！

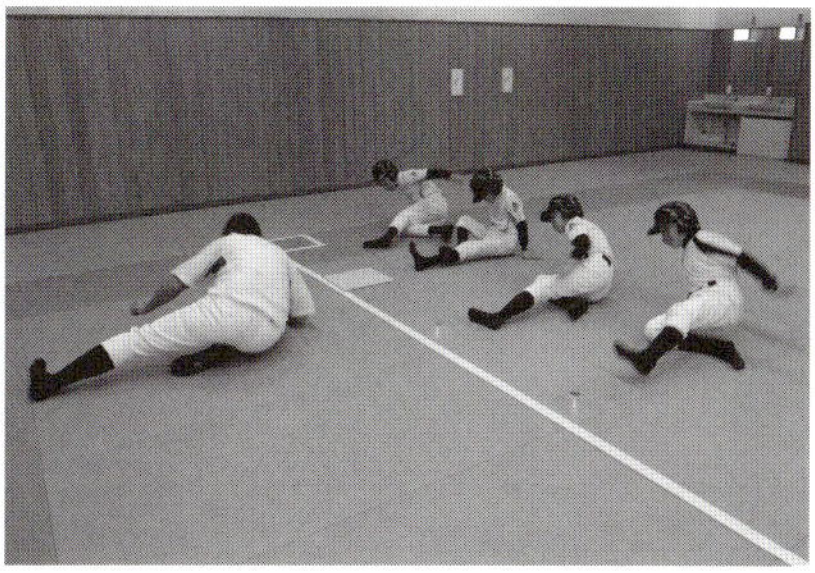

❾ 足をかえて

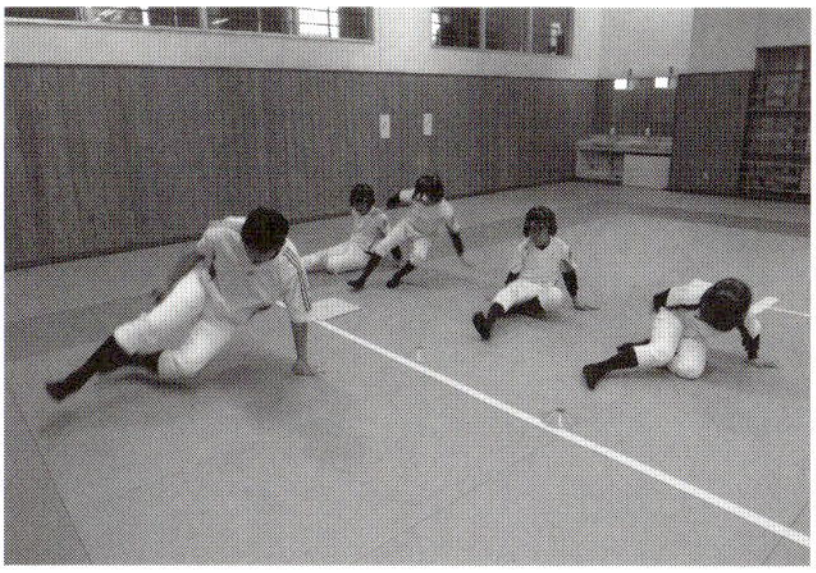

❿ ザァー！

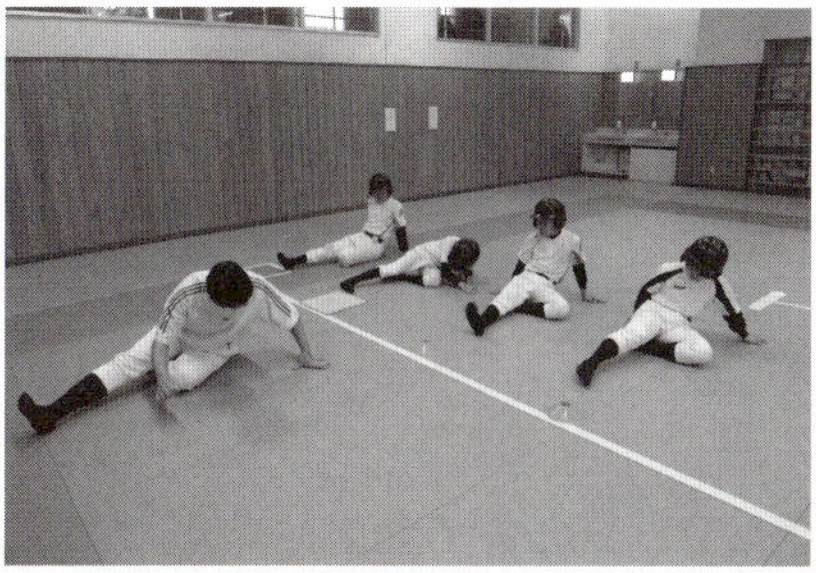

プラス・チェック

⓫ 滑ったら

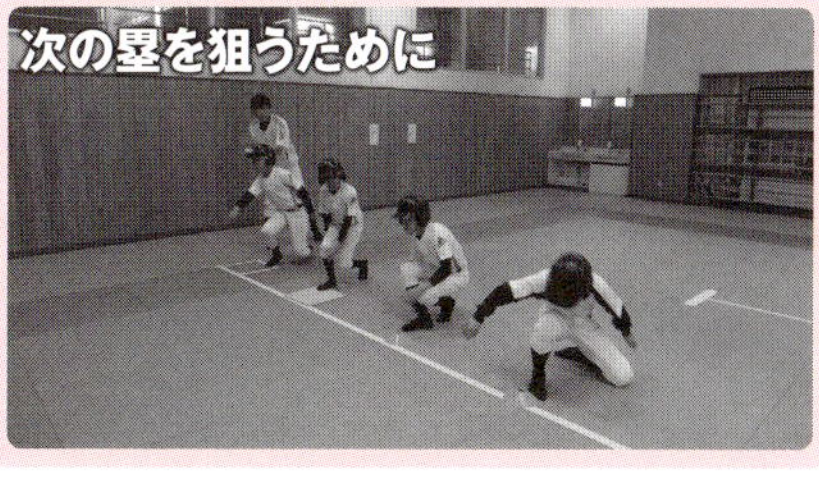

⓬ すぐに立つ

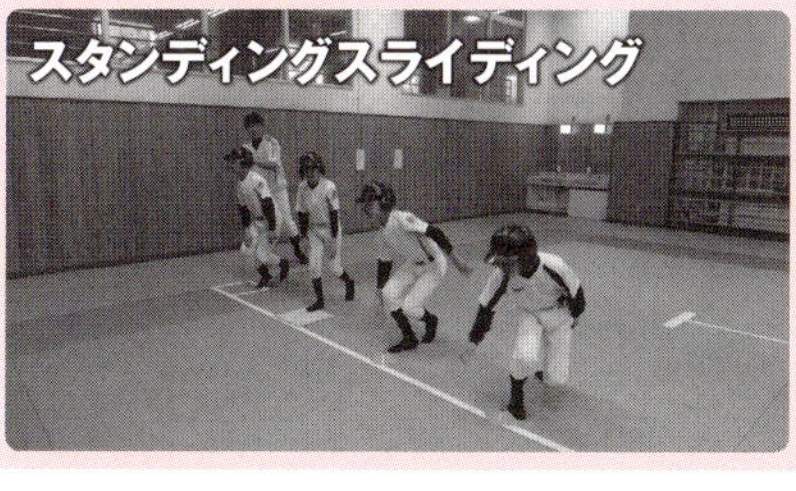

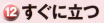

走る8

1点を取るために

ホームへのスライディングを教えましょう①

難易度
★★
適正人数
1～3人

❶ 3塁側にタッチを避ける

❷ 1塁側にタッチを避ける

どうしても1点が取りたい場面で、キャッチャーのタッチをかいくぐりながら、ホームインできるスライディングの形を作りましょう（①と②）。とっさの時にもこのスライディングの形ができるように繰り返し練習しましょう。

マーカーを飛ばす＝ベースタッチができている　として練習します。手のひらで確実にホームベースを触れるように、マーカーをベースの内側に置き、マーカーを弾き飛ばす練習を繰り返します。

❸ 手だけベースに

❹ ギリギリ

❺ セーフ！

❻ ホームイン！！

❼ ギリギリ

❽ ベースにタッチして

❾ セーフ!!

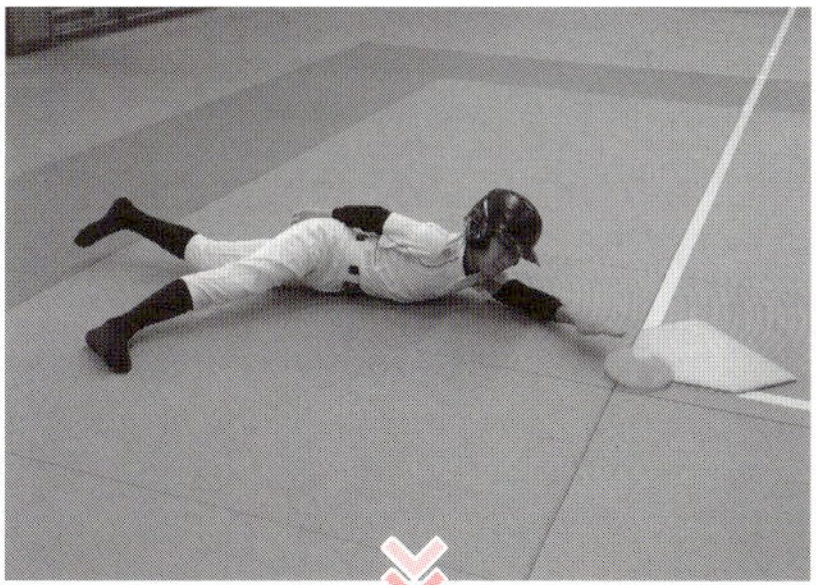

❿ ホームイン！！

走る⑨

1点を取るために ホームへのスライディングを教えましょう②

難易度
★★★

適正人数
1～3人

返球が1塁側にそれた場合

①ミットを見る

②滑ることを決める

返球が3塁側にそれた場合

⑤3塁側にそれていることを知る

⑥滑るラインを決める

レッスンポイント

どちら側に滑るかを瞬時に決めさせる

セカンドからスタートしたランナーが、ホームに到達するまでの3塁~本塁間の時間は、わずか4秒前後（小・中学生の場合）です。この短い時間の中で、しかも全力で走りながら、キャッチャーミットまたはキャッチャーの目線を見て、野手からの返球がそれていることを感じとれるようになるためには訓練が必要です。左ページの①~⑧の練習を定期的に行ないましょう。

3 滑る体勢に入る

4 手を伸ばして滑る

7 ホームベースの角を見る

8 必死にベースタッチ!!

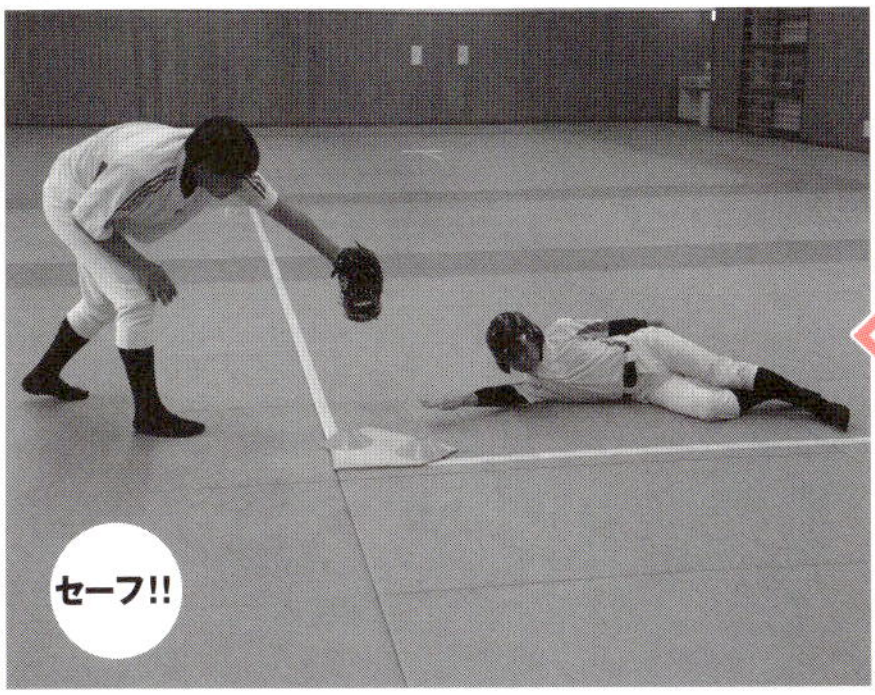

練習方法

中間地点で見る

コーチがキャッチャーとしてホームベースに立ちます。わかりやすく3塁側と1塁側にミットを出すところから始めていきます。ランナーは3塁ベース手前の約5メートルからスタートして、3塁ベースを蹴り、中間時点に置いたマーカーを過ぎた時にキャッチャーを見るようにさせます。コーチは、ランナーが中間地点のマーカーを走り抜けるタイミングで3塁側または1塁側にミットを突き出し、身体も寄せます。ランナーは、キャッチャーの動きを見て、滑る方向を決めてスライディングします。地面が固いなどの理由で滑れない場合は、駆け抜けても良いでしょう。

走る⑩

一点をもぎ取るために
サードランナーのゴロゴーを教えましょう

難易度 ★★★
適正人数 4～6人

① ゴロが転がったら

ゴロ

ピッチャー・バッター・サードランナー・練習ランナーをつけて投げたボールを打たせます

② Go!!

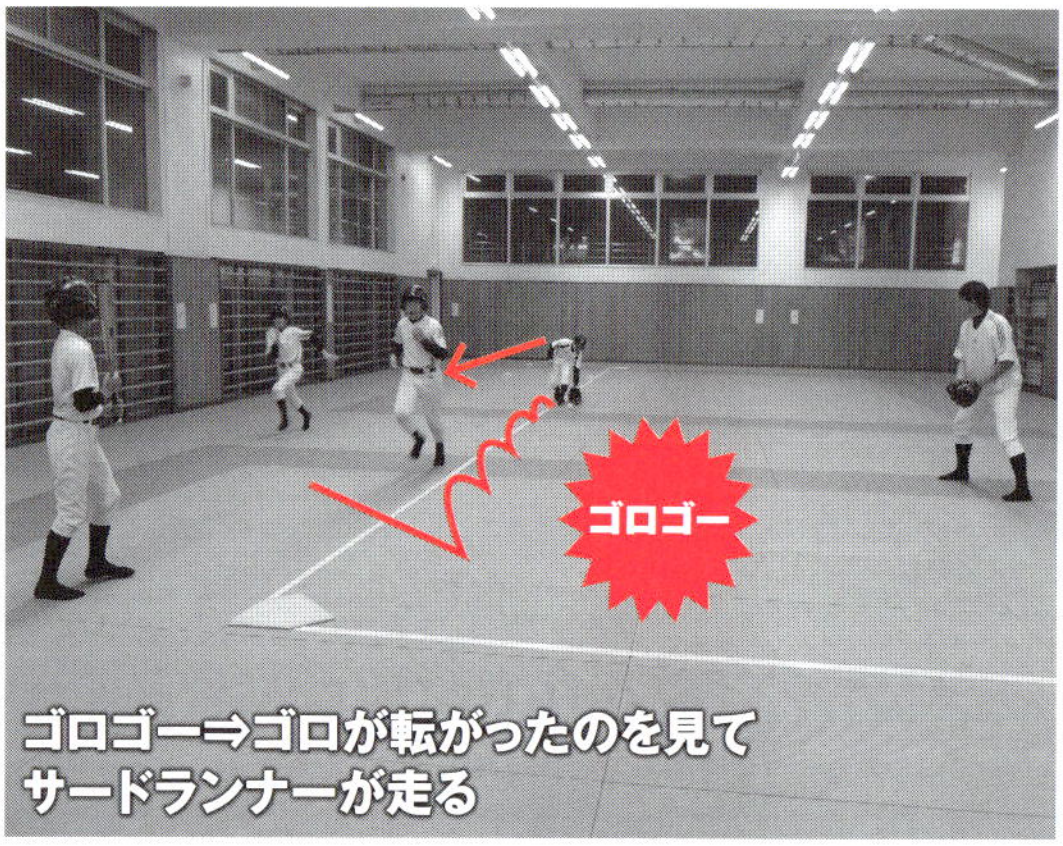
ゴロゴー
ゴロゴー⇒ゴロが転がったのを見て
サードランナーが走る

"ゴロゴー"では、スタートの良し悪しが決め手になります

身に付けさせたい
打球判断

3塁走者のリードの取り方、第2リード（ホームに投げてからのリード）の取り方などを説明した後、投手役のコーチがボールを投げてバッターに打たせます。第二リードの最後の一歩で、打球の判断ができるようになればgoodです。

室内でもできる
工夫しながら練習を

3塁走者のスタート練習は、1点に関わり、とても大切です。グラン

③ インパクトで

④ パーはストップ

⑤ グーはGo!!

⑥ ピッチャー振りかぶって 投げた

⑦ 同じく第二球を投げた

ドで練習ができなくても、体育館等のスペースがあれば③から⑦までの手順で練習ができます。

プラスチェック

ライナーバック

私は、3塁走者がやってはいけないミスを「ライナーで飛び出してのダブルプレー」だと言い続けています。それは、せっかくのチャンスが一気につぶれてしまうからです。「ゴロゴー」と「ライナーバック」、紙一重のプレーに思いがちですが「仕方ない…」では、済まされない大きなミスです。3塁走者は、第2リードの最後一歩でインパクトに集中しなければいけません。①の練習をたくさん行ない、打球判断を身につけさせましょう。練習時に「これはゴロだ」「これはライナーだ」「これはフライだ」と打つ前に感じられるとgoodです。

Column

自宅でもできるバッティング練習

＊バットがぶつからないか？ 人や物に飛んでいかないか？ グリップは汗ですべらないか？
安全のためによく確認してから練習を始めましょう！

❶ ティー台を使ってのバッティング練習

ティー台（3000円位で購入可）に置いたボールを打つ練習です。ボールは、スポンジボールやプラスチックボールなどでもいいでしょう。

ステップした時に、着地する左足の前にボールがあるといいでしょう。高さはベルトの高さくらいで。打ったボールが飛ぶので､硬いボールで練習する場合は､専用のネットが必要です。スポンジボールなら壁やフェンスでも大丈夫。この練習は、はじめたばかりの子でもできますし、プロのバッターでもやっています。素振りと似ていて、自分の型を作るのに適した練習です。レベルスイング(地面と平行に振る)が自然に身につきます。

❷ 羽根打ち練習

バドミントンのシャトルを投げて打つ練習です。投げる人の安全のためにバドミントンのラケットなどで顔を隠しながら行なうことをお勧めします。

素振りよりも変化があり、斜め前からトスアップするティー練習とは違い、前から投げてくるシャトルを打ち返すことができるため、バットコントロール（思ったところにバットを振る技術）が良くなります。また、この練習もスピードの遅いシャトルを飛ばそうとすることにより、レベルスイングが身につきます。

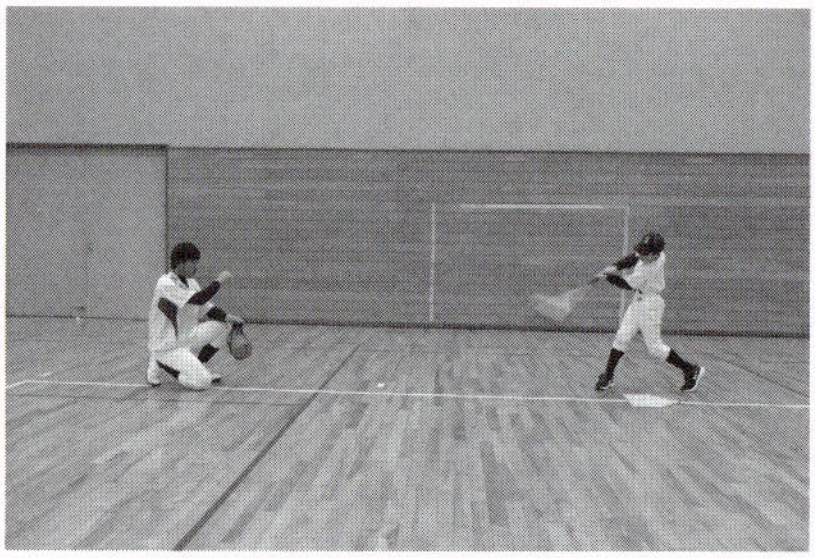

第6章

考える 備える 整える

考える1

メンタル強化のために

“緊張”について教えましょう

難易度
★
適正人数
1～10人

1 “緊張する”とは？

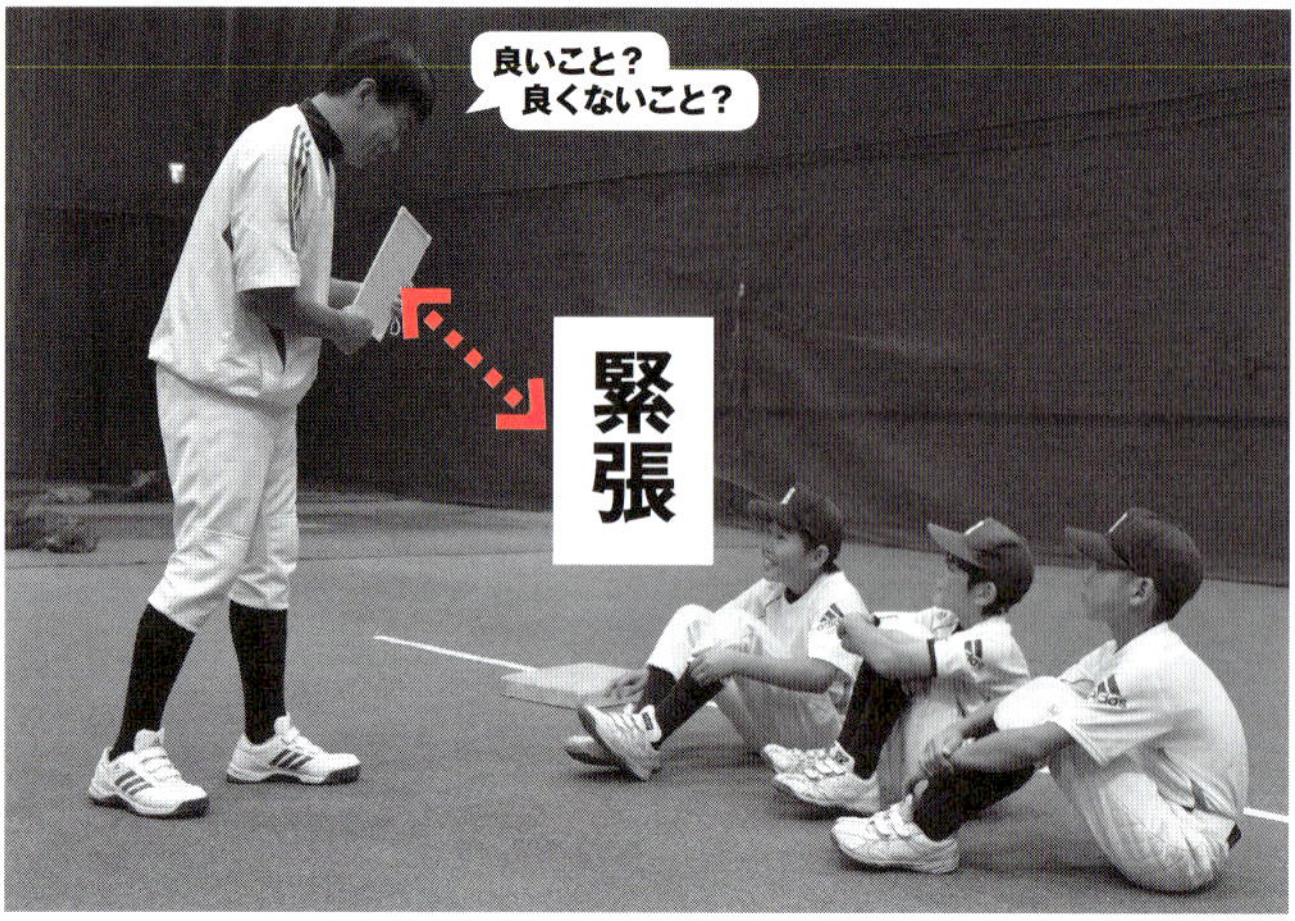

“緊張”とは、いいこと？悪いこと？と質問してみます（「悪いこと」「良くないこと」「だめー」などという答えが返ってくると思います…）

2 調べてみよう

スマホで“緊張”を調べてみます。すると、「緊張とは、心が引き締まった状態」だとあります。「心が引き締まる＝緊張する➡いいことなんだね」と捉えられます

レッスンポイント

言葉の意味

「緊張とは、心が引き締まった状態」だとあります。だらだらしていたり、ぼーっとしている状態とは全くの逆で、心が引き締まっている状態とは「いいこと」だと理解させます。キャッチャーがみんなに「締まっていこうぜ！」って声をかける話をするといいでしょう。

緊張すると

どうなるかな？

「ドキドキした」「足がふるえた」「な

③ 緊張するのは「いいこと」なんだね！

「だって、キャッチャーが『締まっていこうぜ！』って声をかけてるもんね」

④ 緊張すると、どうなる？

そのうえで、緊張状態になった時に身体に現れる現象について聞いてみます

んだか汗が出た」「鳥肌が立った」「のどが渇いた」「かたくなった」「ほかのことが考えられなくなった」「心臓がバクバクした」などの体験談が出てくるといいのですが、答えが出てこない場合でも、子どもたちに話をすると「わかる。わかる。」という子がたくさんいます。そこまで話した後に「では、なぜドキドキするのだろう？」と質問してみます。

（続きは、次の項目で）

「ゾーンに入る」とは？

いわゆる「ツボにはまる」状態です。「ゾーンに入ると、極度の集中状態になり爆発的な力が発揮できる」などと言われています。適度な緊張状態にないとゾーンには入れません。また「楽しい！」と感じている時にゾーンに入れるとも言われています。私は子どもたちに「無我夢中」という言葉を使います。「打席に入ったら無我夢中で行け！」とか、「大事な試合の時こそ、結果を気にせず我を忘れて夢中でプレーするのじゃ！」などと熱くゲキを飛ばします。

考える②

どんな時でも大丈夫なように ドキドキ・バクバクについて教えましょう

難易度
★

適正人数
1～10人

①緊張した場合に身体に現れる現象について質問してみます。「みんなは、緊張したことありますか?」「緊張した時にドキドキしたり、バクバクしたりしたことあるかな?」と聞いてみて、「あるある」という子がいたら「どんな時だった?」「どんな感じだったかな?」と聞いてみます。

②続いて「ドキドキやバクバクは、どこがなるの?」と聞いてみます。「心臓」と答えを受けて、「心臓の役割は?」「ドキドキすると心臓の動くスピードは?」「心臓が止まったら?」などの質問をしてみます。

③「心臓の働きは、身体のすみずみに

①ドキドキするのはどこ？

②ここには何が？

③心臓の役目は？

④だから…

固くなる・ガチガチになるのは

「筋肉が固くなるのは、戦いの場で自分の身体が素早く反応できる準備をしているからだ」と言えるでしょう。のんびりしているときには起こらず、緊張しているときに起こる状態です。固くなることを悪いことと考えず「身体が戦闘態勢に入っているから」ということを教えましょう。

ガチガチを何とかしたい時は

本人が、そのガチガチになってい

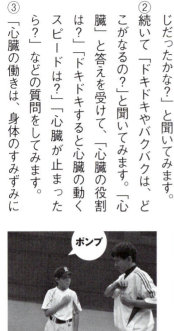

新鮮な血液を送るためのポンプなんだよ」と説明して、人は「緊張＝心が引き締まると、身体に血を送るポンプの役目をしている心臓が、がんばるからドキドキやバクバクとなるんだね。心臓が頑張ってポンプの動きが良くなると指先や足の先まで新鮮な血液が流れて、手や足の動きを良くしてくれるんだよ！」と説明すると、「なるほど」という表情になります。

④「だから、ドキドキやバクバクとなることは、頑張っている証拠だからＯＫなんだよ」と説明して、過度の緊張状態になっても自分を見失うことのないよう導きましょう。

のんびりしていたら

「テレビを見てゴロゴロしているときに、足がガチガチになったりしたことはあるかな？」「そんな時に急にボールが飛んできたら捕れるかな？」と聞いてみます

捕れないよ

緊張して普段に比べて筋肉が固くなる経験があるかどうかを聞いています

固くなったことあるかな？

さぁ来い！

ボールを捕るには、しっかり構えていることが大切です。「しっかり」とは身体が「戦闘態勢」に入っている状態です

固くなった時は真剣だったか？いい加減だったか？も聞いてみます。「緊張する＝心が引き締まる」すると体は自然に硬くなると話します

ガチガチに

る状態が嫌だと感じた時は、いったん全部の力を入れ切って、その後、スパッと抜く動作を数回繰り返すことを教えましょう。バットの握りであれば、思い切り両手に力を入れてぎゅっと握り、そこからパッと離して力を抜いてみると、ガチガチに固まっている筋肉がいったん緩み、ほどよい状態になることが感じられるはずです。

私はこう考える

「緊張しているんじゃないよ！」などと「緊張」について否定的な言い方をすることを、得策ではないと私は考えます。適度な緊張状態が〝ツボにはまる〟最大のチャンスとなることも含めて、「緊張」を肯定的に捉えたいと考えます。

考える③ 大舞台で力を発揮するために

鳥肌が立つことについて教えましょう

難易度
★★
適正人数
1～10人

❶鳥肌って知っているかな？

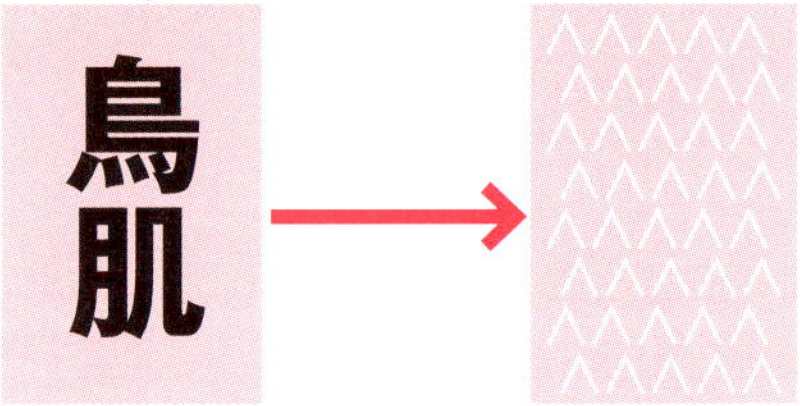

①緊張した場面で鳥肌が立ったことがあるかどうかを聞いてみましょう。そして「鳥肌が立つ」とは、どういう現象かを説明した後に、鳥が鳥肌を立てる時は「自分の体の表面をでこぼこにして、体を大きく見せるため」であることを伝えます。

②戦いの時に鳥肌が立つということは、自分の心が戦うモードに入っている正しい状態だということを伝えます。

③そして鳥肌が立つのは自分を大きく見せる、または見せたい時なので身体の正直な・良い反応だとい

❷ 身体を大きく見せる

私の考え

試合前や試合中などのあらゆる場面で、自身の身体に起こるすべての現象は自分にとって、正しいことであり・良いことであり・プラスになることだと考えていいと、私は思っています

うことを説明します。

余談…私が高校3年生の時、最後の県大会で外野芝生席まで観客が入った満員の保土ヶ谷球場（横浜市）のスタンドを見た時に、鳥肌がサーと立ったことを今でも思い出します。その時には「キャプテンの俺がビビっている場合じゃない」と感じ、周りのメンバーには何事もなかったかのように振舞っていました。しかし内心では、鳥肌が立つ自分に「バカだな、こんな事でビビッてるんじゃねーよ」と間違った想いをしていました。当時、このページの内容を知っていたならば「鳥肌＝OK！OK！」と捉えることができて、余計な意気がりを見せる必要はありませんでした。まさに〝若気の至り〟でした。

考える４ 何事にも頑張れる人になるために

積み重ねることの大切さを教えましょう

難易度
★

適正人数
２～６人

1 こんなに薄っぺらな落ち葉でも

子供に落ち葉を３枚位ずつ拾わせます

2 一枚、一枚積み重ねると

1人ずつ葉っぱを重ねていきます

積重ねることの大切さ

①落ち葉を一枚地面に置きながら「これが今日の練習で身についた力です」と話して、葉っぱの厚さを見せながら「1枚だけだと、こんなに薄っぺらいよね」と話します。

②そして「これが明日、次が明後日、その次が明々後日」と話しながら5枚くらいの落ち葉を重ねていきます。

③薄っぺらな落ち葉でも、5枚も重ねると高くなります。そこで「1枚は薄いけれど、積み重ねるとこ

③ だんだん高くなってきた

④ こんなに大きくなりました

れだけの高さ＝これだけの力になるんだよ」「大切なことは、少しずつでも構わないから練習を積み重ねることなんだよ。積み重ねていくと、このように知らないうちに力がついてくるんだよ」と話しかけていきます。「最初からホームランバッターやミラクル投手だった人は、いないんだよ。イチロー選手だってダルビッシュ投手だって坂本選手だって、みんな小さいころから練習を積み重ねたんだよ」と話すと、子どもたち「そうだ、そうだ。俺だって」という明るい表情になります。

「練習はうそをつかない」

④「野球も勉強も一緒だよ。練習した分だけ上達できるし、勉強した分だけ頭が良くなる。野球が上手くなるためには、勉強ができるようになるためには〝近道〟はないんだよ。一歩ずつ積み重ねたものが〝地力〟になって大事なところで実力が発揮されるものだよ！」

この話で締めます。

備える① 万一に備えて

ケガした時の応急処置を教えましょう

難易度
★
適正人数
1～5人

① すぐに冷やし圧迫する

② 寝る時は足を高く

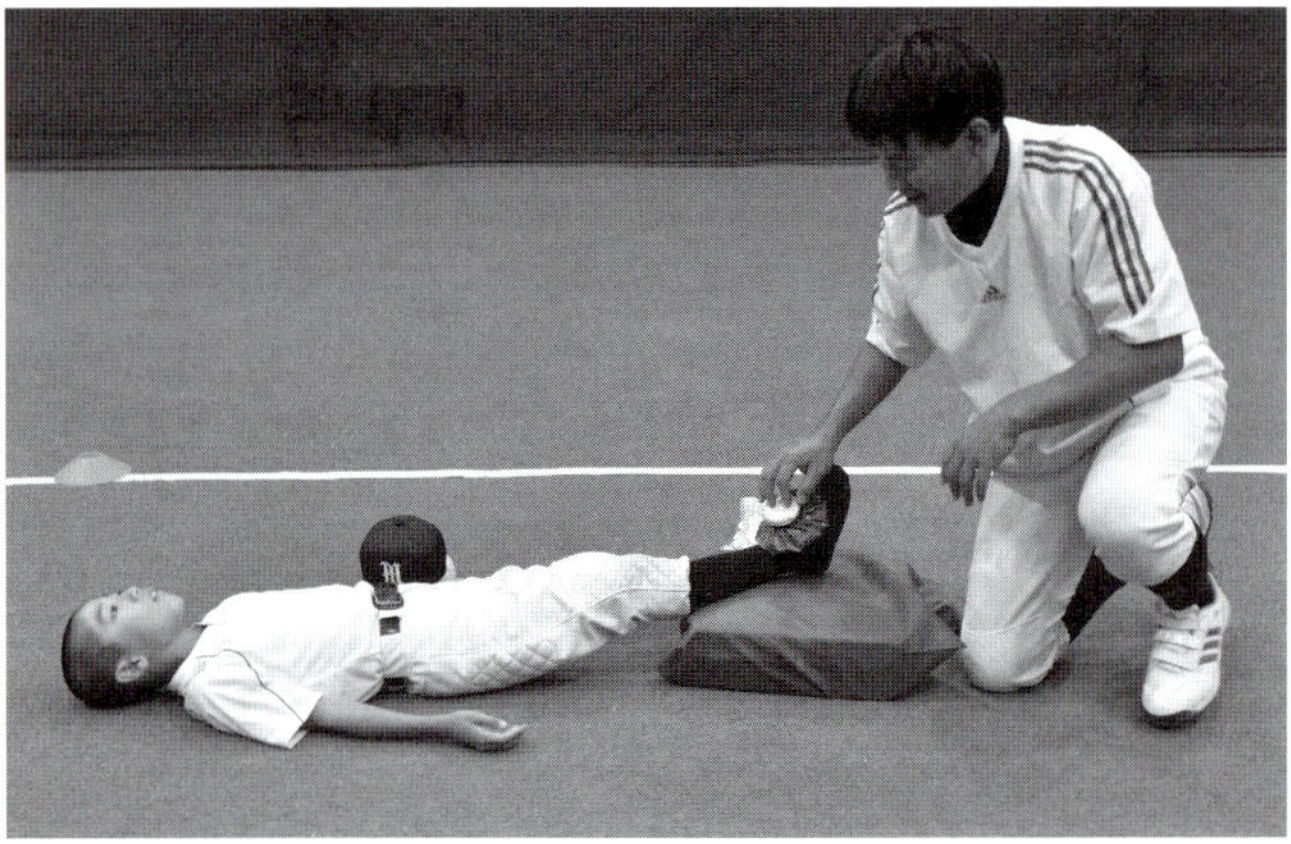

① すぐに冷やし圧迫する

ボールがぶつかったり、足を捻ったりすると、その部分の毛細血管が切れて出血するため、赤く腫れあがります。その出血をなるべく早く止めたほうが治りが早くなるため、氷のうなどで患部を冷やすと共に、弾性包帯などで圧迫します。冷やす時間は出血が止まるまでの48時間程度です。ハンカチなどで地肌をカバーしながら、かなりの冷たさで冷やし、圧迫するようにしましょう。

② 寝る時は足を高く

③肩を貸してもらう

④足をついてはダメッ!!

　寝る時は、心臓より足を高く上げた状態で安静にしていることが必要だということを伝えます。

③肩を貸してもらう

　足を挫《くじ》いた直後に「大丈夫、大丈夫」と言って動かしていると、2週間で治るはずの怪我が1ヵ月・2ヶ月と長引いてしまうことがあります。

④足をついてはダメッ

　捻挫をした時は、バットを杖の代わりに使うなどして、足を地面につかないこと。また、指先にボールが当たり突き指をしたときに、指を引っ張るのはNGです（昔はみんなやっていましたが…）。指先は靭帯や腱を痛めたり、脱臼や剥離骨折しやすいので、軽い突き指でもすぐに冷やすようにしましょう。

備える❷ 故障を防ぐために

野球肘について教えましょう

≪野球肘のチェック方法≫

両肘伸ばして

両肘曲げて

両肘を曲げてみます。両方とも同じだけ曲がりますか？　今度は両肘をピンと伸ばしてみます。右も左も同じだけ伸びますか？　曲げた時や伸ばした時に右肘だけ痛かったり伸びなかったりしませんか？　左右に差がある時は投げすぎサインが発令です。投球禁止にして回復を待ちます。

この仕草を見落とすな！

ここの圧痛は…

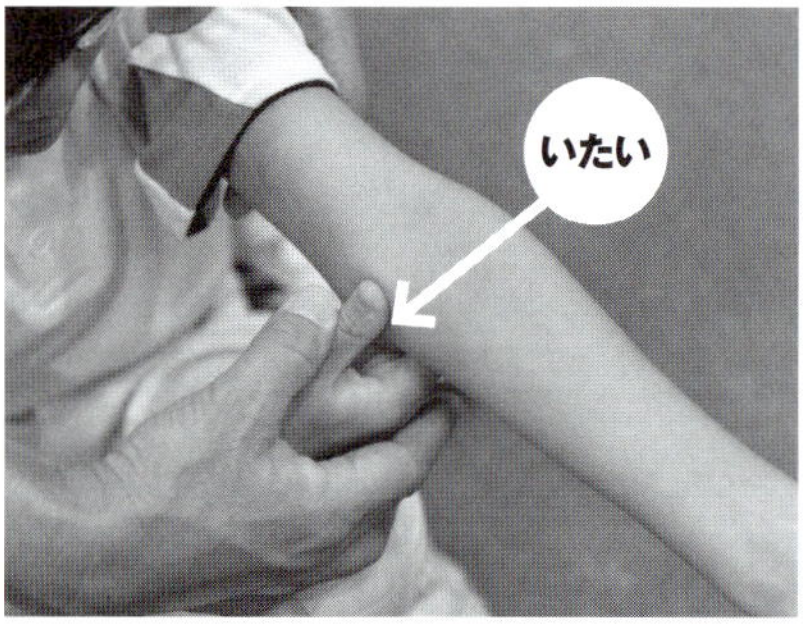

野球肘

肘の内側・外側に発生する投球時の痛みを野球肘（離断性骨軟骨炎）と言います。肘関節が剥離骨折を起こす野球肘は、それまでに肘の痛みがあるにも関わらず、痛みのサインを放置して（言い出せず・隠して・軽視して）投げ続けてしまい、発症する事がとても多いのが特徴です。

　チームの勝利を優先するあまり、〝投げられる子〟が、投げざるを得ない状況になり、発症してしまうケースも多くあるようです。

難易度
★★★
適正人数
1～2人

《コッキング期》

《肘のしなり》

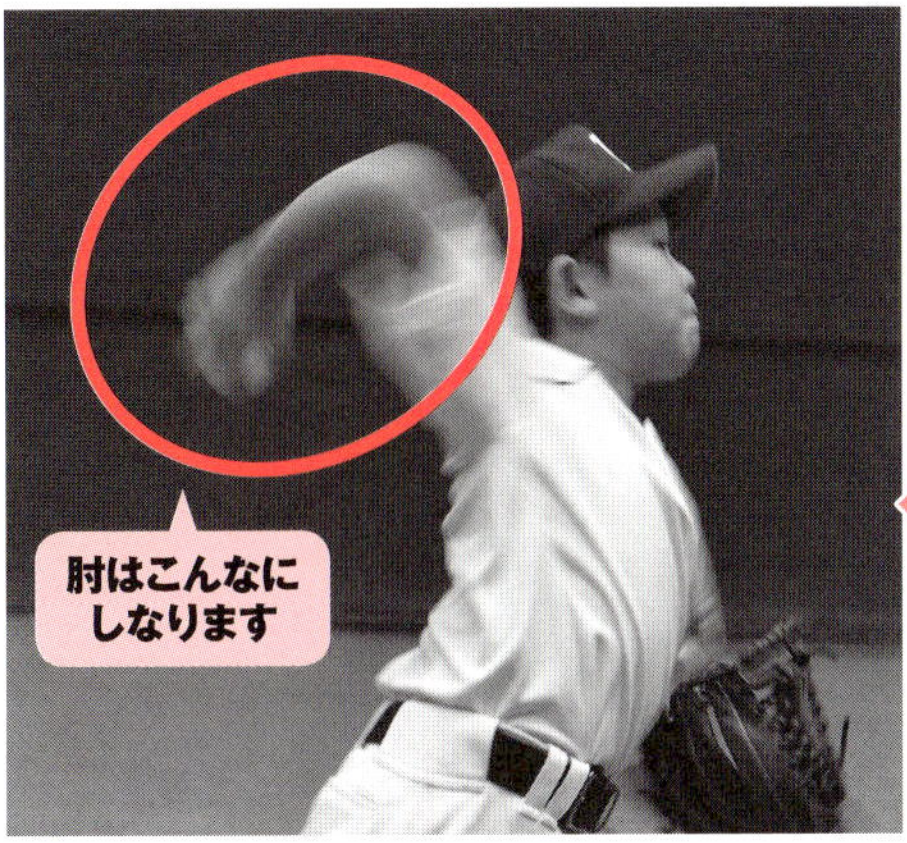

長い期間、試合に出られなくなる野球肘

少なくても3カ月間は全力でボールを投げられないので長い期間、試合に出られなくなってしまいます。骨折する前段階の「肘関節の炎症」であれば、2～3週間の安静＝投球禁止で回復が見込めます。ですから、肘が痛くなったら、すぐに家族やチームのコーチに言うように徹底させることが大切です。

コーチや家族の役割について

肘を触るちょっとした仕草や、曲げ伸ばしをする仕草を見逃してはいけません。子どもが肘を気にするような仕草をしたときには、痛みを感じていることが多いからです。そういった子どもを見たら、すぐに呼んで「変な感じはしないか？痛みはないか？」と聞きます。子どもの「大丈夫」という返事を信じてはいけません。「痛いのか？」「痛くないのか？」を聞き、「痛い」「少し痛い」という返事をした子は、すぐに投球禁止とします。そして整形外科で受診することを保護者に強く勧めます（レントゲンまたはMRIなどで肘関節の状態を調べてもらいます）。小学生の腕の骨が、細く弱いものであることをよくよく認識した上で、子どもの指導に取り組むようにしてください。また、チームの監督やコーチを務める方は、ピッチャーができる子をたくさん育てると良いでしょう。ひとつの試合を、常に3人の投手の継投で勝ち進むチームが実績を残しています。

備える③ 故障を防ぐために

野球肩（ルーズショルダー）について教えましょう

❶ダイナミックな投球動作の中に

❷腕が肩を引っ張る瞬間があります

ルーズショルダー（非外傷性肩関節不安定）とは？

小・中学生の肩は、筋肉が強くないので、ボールを投げ過ぎると、自らの腕の重さによって肩の関節が引っ張られ、骨と骨が離れ筋や靭帯を痛める「ルーズショルダー」と呼ばれる肩関節障害になります。

サインを見逃すな！

2kg以上の物を、スピードをつけて思い切り振ると、その勢いはかなりの強さになり、胴体から腕を引き離そうとします（肩を引っ張りま

難易度
★★
適正人数
1～5人

こんな仕草を見逃すな！

腕の重さはペットボトル約1本

≪腕の重さ≫

中身の入った２リットル入りの大きいペットボトルを持って、投げるようにペットボトルを振ってみます。その重さを感じさせた上で、投球動作が肩にあたえる負担の説明を行ないます。両腕の重さは体重の約10%。片腕の重さは約5%となります。体重が40kgの子どもは、片腕が約2kg（大きいペットボトル１本分）プラスしてボールが130グラム。胴体から考えると、約2130グラムの塊を50回も100回も振り回していることになります

す）。この動作＝投げることを、自分の体力の限界を超えて繰り返すと、肩の関節が悲鳴をあげます。「痛み」は、その悲鳴の「サイン」であり、その「サイン」を無視するとルーズショルダーになってしまいます。

この仕草を見逃すな

投げ終わった後に、肩を触る、腕をぐるぐる回す、肩の骨を前後にゆすったり上下に動かしたりする、などの仕草を見つけたら、ルーズショルダーの疑いがあります。普段、肩に何も違和感のない子どもは、そういった仕草はほとんどしません。この仕草をしている子どもを見かけたら、肩や肘に痛みがないかを聞きます。野球肘と同じように「大丈夫か？」「大丈夫じゃないか？」ではなく、「痛いのか？」「痛くないのか？」を問います。少しでも「痛い」の答えがあった場合には、すぐに投球禁止とします。

重要　休ませる決断を大人がさせる

野球肘や野球肩が疑われる場合は、まずはスポーツ系に詳しい整形外科で診断を受けて剥離骨折・鍵板の損傷・靭帯の損傷などが発症しているのか、いないのかを確認することを強くお勧めします。子どもたちのために、野球肘・野球肩について良く理解して、投げることを休ませてください。

備える④ 大一番に備えて

決戦前夜の過ごしかたを教えましょう

難易度
★
適正人数
1～10人

❶ 前日の晩ご飯は？

Ⓐ…お寿司
Ⓑ…ステーキ
Ⓒ…トンカツ

❷ ⒶorⒷorⒸ？

子どもたちはけっこう真剣に考えます

❸ ⒶⒷⒸとも…

3つとも正解でないことを伝えます。「何で～？」という顔になります

❶～❸ 前夜の食事について

「明日は大事な試合の日です。では、前日の晩ご飯は何がいいでしょう？」と質問します。「Ⓐ大好きなお寿司をお腹いっぱい食べる　Ⓑ力がたくさん出せるようにステーキをがっちりと食べる　Ⓒ試合に〝勝つ〟ために、大きなトンカツをもりもり食べる」「さて、ⒶⒷⒸのどれが良いかな？手を上げて答えて下さい」

子どもたちには、Ⓒが人気のようです。そこでコーチが「はい、残念！全員が×です。不正解です！」と。

❹ 布団に入っても…

興奮してなかなか眠れません

❺ 眠れなくても

目を閉じて目を休め、身体を横にして筋肉を休めます

続けて「大事な試合の前の日には、なるべく普段と同じ生活をすることが大切です」と話します。「お刺身は生なので、万が一お腹が痛くなったら次の日に困るよね」「ステーキやトンカツは、お腹の中で消化するのに時間がかかるので、食べ過ぎると次の日の朝になってもお腹がすいていない。そうすると大事な試合の日に、朝ご飯がしっかり食べられないよね」「朝ご飯は一日のエネルギーのもとになるんだよ。だから、前の日にお肉をたくさん食べるのは？なんだ。適量ならばいいけれど…」「だから普段と同じ晩ご飯がいいんだよ」と。子どもたちも「なるほどな」の表情をします。

❹ 前夜の就寝について

「大事な試合の前の夜は、いつもと同じ時間に布団に入ることも大切です。たとえ眠れなくても目を閉じて横になり、身体と目を休ませることを守るように」と教えてあげて下さい。加えて「たとえなかなか眠れなくても、身体と目を休ませていれば、次の日の2～3時間くらいの試合は、大丈夫だから心配ご無用です」ということも説明します。明日の試合で活躍したいからと、夜な夜な起きだして素振りをしたり、シャドーピッチングを始めるのはNGです。たくさん練習して疲れた状態で試合に臨むよりも、「もっと練習したかったなー」くらいの感覚で、翌日の試合を迎えたほうがいい動きができることが多いと言われていることも伝えましょう。

教える

説明が子どもたちに伝わりやすいように

コーチの立つ位置などを工夫しましょう

難易度
★★

❶ハイっ　テークバック

❷膝を曲げて

❶身体全体の動きを伝えたい、タイミングを伝えたい場合などは、子どもの目線と同じ向きになり、背中を見せながら動作を伝えます。この時、左打者がいる場合には、自分の前に立たせて「コーチが鏡だと思って動きなよ」と声をかけます。

❷どの角度で説明すると、判りやすいか？ を常に注意しながら、立つ位置を選びます。

❸アニメやゲームの話などを取り入れながらユーモアを交えて、時に楽しく教えていきます。

❹子どもの視界に、別に興味のある

❸ナンチャッテ！？

❹どこ見てますか？

❺背中に太陽

❻いいか　よーく聞きなよ

❼何回言えばわかるんだ

ものがあれば、そちらに目線がいってしまい話を聞き入れなくなります。興味のありそうなものがある時には、自分がそちらに向きます。

❺自分が眩しい角度になるように常に気をつけます

❻じっくり話を聞かせたいときには体育座りがいいです。

❼ビシッと叱る時には直立不動に。

プラスα

自分が右投げ・右打ちで、左投げや左打ちの子に見本となる動きを見せたい時は？

私は、左打ちの子に教える時・見本を見せる時、あえて右打ちの動作で教えています。過去に自分も左打ちの動きをして、教えたこともありましたが、ぎこちなくしっくりきませんでした。左打ちの子には「コーチの動きが鏡だと思って真似しな」と伝えています。

整える①　野球肘・野球肩の故障を防ぐための

上肢のコンディショニングトレーニング①

スポーツにおける「コンディショニングトレーニング」とは？

選手に発生しやすいスポーツ障害の予防トレーニングです。選手は、無理な負荷や体勢での過度な練習を繰り返すことにより、身体の姿勢にゆがみが生じ、筋力の機能低下が起きます。それによって身体に痛みを感じ、動きの制限などが起きます。そのような時には、姿勢や動作が正常に機能するよう身体を整えて、運動を効果的に行なえるよう調整する必要が生じます。そんな時に効果を発揮するのがコンディショニングトレーニングです。
実施する回数やセット数は 10 回を 3 セット程度とし、集中力が途切れない回数で行なうと効果的です

上肢（肩・肘・手部）のコンディショニングトレーニング

肩や肘、上腕（肩と肘の間）、前腕（肘と手首の間）の動きが改善できます。野球肘や野球肩に繋がる筋肉群の緊張を改善するのに、とてもいいトレーニングです

(1) 5kgのハンドグリップを使ってのトレーニング

難易度
★★★★

適正人数
1 ～ 2 人

「整える①②③」「備える①②③」監修者プロフィール

堀川 忠雄 コーチ
トレーニング指導士、
健康運動士他
1985 年、日本体育大学卒業後、公益財団法人横浜市体育協会に勤務し、施設の運営管理業務の傍ら、中学や高校の野球部などの部活動に対し、スポーツ障害予防のトレーニングを指導している

❶指先で握る（左・右　各50回程度）

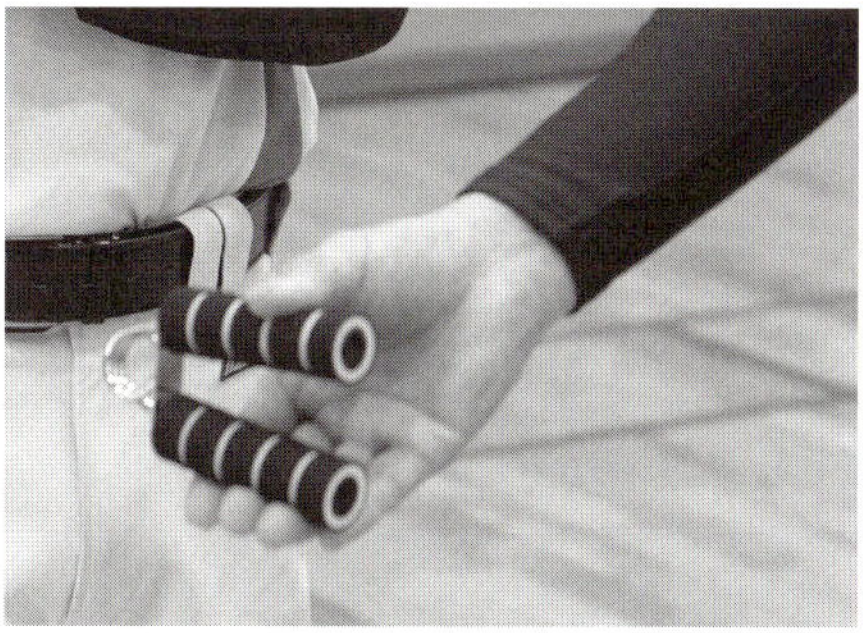

軽く動かせる負荷 5kgのハンドグリップを 5 本の指先で握り、つぶして（閉じて）は戻し、つぶしては戻しを、左・右とも各 50 回程度、繰り返します

❷深く握る（左・右　各50回程度）

次にハンドグリップの柄の部分を手のひらに近づけて深く握り、①と同じ回数を行ないます

❸指先で握る説明を受ける子どもたち

ハンドグリップを指の腹（指紋のところ）で持つように説明する堀川コーチ

❹左手で筋肉の反応を確認

上腕二頭筋の反応を確認する堀川コーチ

野球肘を防ぐ

ハンドグリップのトレーニングは、非常に効果的です。やり方さえわかれば、簡単にできるところも良い点です。湯船につかりながら〔左右50回ずつ×2種類〕を行なうのに3分間もあれば充分です。「今日はいっぱい投げたな～」「ちょっと肘が張っているかな～」と感じた晩に、このトレーニングを行なうと翌日になっても、快調に投げられます。

筋肉の状態をチェック

④の写真のように、右手でハンドグリップを握る時に、左手指先を上腕二頭筋（力こぶの筋肉）に当てます。右手を握った時に、上腕二頭筋が柔らかいままであれば正常ですが、握るたびに硬くなるような場合は「投げすぎ」のサインです。

整える②

野球肘・野球肩の故障を防ぐために
上肢のコンディショニングトレーニング②

難易度
★★★★
適正人数
1～2人

≪棒の上げ下げで行なうトレーニング Ⓐ≫

❶担いで 後ろに 担いだ棒を後ろ（背中側）に引き、背中を意識しやすくさせます

❷ゆっくりと 下げて ゆっくりと頭の後ろへ引き下げていきます

❸そのまま 上げて 引き下げた棒を真上に上げていきます

❹棒を後ろに引き、背中を意識しやすくさせる

背中を中心に動かすトレーニングです

たくさん投げて肩がパンパンに張った日の夜に、このトレーニングを行なってから寝ると、翌日には肩の張りがびっくりするほど軽減しています。回数は10回を目安に行ないます。

≪棒の上げ下げで行なうトレーニング Ⓑ≫

❶ 肩幅くらいで持って
自分の前でダランと腕をさげて棒を持ちます

下げて

❷ 引き上げて
肘を張りながら、あごの下に引き上げます

上げて

❸ クルッとあごの下に
両肘を前に出すようにして、棒をあごの下で支えます

クルッと

❹ 両肘の位置をなるべく上げます

重量挙げのクリーン＆ジャークのイメージです

上げて↓クルッとあごの下↓上げた体勢に戻して↓下げて↓また上げて の繰り返しで行ないます。回数は10回を目安に行ないます。肩・肘・手首・上腕・前腕の動きを改善することで、野球肘やテニス肘などに見られる上腕の緊張を解くことができるとても良いトレーニングです。

整える③

肘・肩および腰・膝の故障を防ぐための 上肢と下肢のコンディショニングトレーニング

難易度 ★★★★

適正人数 1～2人

≪手首の回内と回外のトレーニング≫

① ソフトな棒を脇に挟んで親指を上に

② 親指たおして手のひら下向きに

③ ゆっくり戻して

④ 親指たおして手のひら上向きに

手首の回内と回外のトレーニング〈手順〉

① わきの下にソフトな樹脂製の棒（厚手のタオルなどで代用も可）を挟み、肘を90度位に曲げて親指を上にします。

② そこから親指をへそ側にたおして、手のひらを下向きにします。その時に、上腕二頭筋（力こぶの筋肉）の動きを確認しながら、手のひらを動かします。

③ ゆっくり戻して……

④ 今度は反対に手のひらが上向きになるように親指をたおします。そ

≪スクワット≫

❶棒を担いで椅子に浅めに腰かけます

❷大腿部を意識しやすいよう体を前に倒し

※意識して筋肉を動かすことが大切なので回数は10回程度がいいでしょう

❸背筋を伸ばしたまま立ち上がります

の時にも上腕二頭筋の動きを確認します。

※肩・肘の痛みがある場合は、❷の手のひらを下に向ける動作の際、棒が脇で挟めなくなります。また、❹の手のひらを上に向ける際に、上腕二頭筋（力こぶ）が緊張しません（固くなりません）。

どちらかにあてはまる場合は、投球を制限するべきでしょう。

スクワット

スクワットはやり方を間違えると膝や腰を傷めてしまいます。ここでは、自分の身体の使い方（=腰背部、臀部、大腿筋郡を意識させるためのポジショニングなど姿勢の大切さ）を知ることができるスクワットのやり方を紹介しています。

推薦文

この本を推薦します

元東京読売巨人軍投手　槙原寛己

大石君と私は、ジャイアンツの同期で、ともに寮で生活し、同じ釜の飯を食べた間柄です。そんな大石君は、いま野球の指導に情熱を傾けています。

以前、彼に野球教室を手伝ってもらった時、大石君の指導方法を見て、いろいろな発見をさせてもらいました。その日は、全体の進行を彼に任せたのですが、ユニフォームを着ている子と、着ていない子（初心者）が半々くらいの参加でした。通り一辺倒の練習メニューではなく、はじめての子どもでもすんなりと参加できるボール遊びから始まり、徐々に技術的な練習へと変化していく展開に、子どもたちは暑さも忘れて飽きることなく楽しそうに練習していました。また、お手伝いの中学生の野球部員に対しては、即席のコーチ役をお願いして、デモンストレーションを行なってもらい、各メニューに対しての具体的なアドバイス方法を伝えて、それを受けた中学生たちが張り切ってコーチ役を担当していたことにも感心しました。

そして、練習メニューの最後には、チームに入っている子のグループと、入っていない子の2グループに分かれて、内野と外野の2面を使ったミニゲームを行いました。全員が参加できるようにグループごとに特別ルールを決めて行った試合では、楽しそうに野球をする我が子の姿を見て、保護者の方も盛り上がっていました。大石君が行なっている毎日の指導の中で生まれたと思われる「工夫」が様々な形で現れていました。

我々プロ野球の経験者が、子どもたちのレベルや経験に合わせた野球指導を行なえば、野球界のすそ野はもっともっと広げていくことが可能であると感じた一日となりました。

この本の中に出ている教え方は、野球経験者はもちろんのこと、野球の経験がないお父さんでも、子どもたちと楽しみながら練習できる内容になっています。

この本を使って子どもたちとたくさんの練習をして、未来の甲子園球児やプロ野球選手を育ててください！　素晴らしい選手が現れてくれることを楽しみにしています。

あとがき

槙原投手から学んだ「少年期の大切さ」

以前、槙原君にこんな質問したことがありました。

「どうしてマッキーは、あんなに凄い球が投げられたのかな？　小さい時に何か特別な練習をしていたのかな？」と。ふと、巨人軍のエースが投げた豪速球を思い出し、その秘密を知りたくなりました。すると返ってきた答えは意外なものでした。

「いや、特別な練習は、やったことはなかったよ。ただ、ひとつだけ覚えているのは、俺はメンコが大好きでさ。毎日のようにメンコをやっていたんだよ」

答えを聞いた瞬間「あっ、なるほど！　そうだったのか」と、自分の中でバチッと結びつくものがありました。大上段から豪快に投げおろす槙原投手の投げ方は、メンコを地面に叩きつける動きそのものだったからです。

また、かつてイチロー選手の小学生時代の写真を見たとき、打席でテークバックをしているその姿は、いまのイチロー選手のバッティングフォームそのものでした。槙原投手やイチロー選手の大人になってからの動きは、小学生の時に、ある程度でき上がっており、小さい時に身につけた動きは、大きくなっても変わることなく再現されるということでしょうか。

ですから、子どもたちにとって、いまこの少年期に正しくダイナミックな動きを覚えていくことがとても大切であると、私は考えています。そのためには、子どものそばにいる私たち大人が、技術力の向上や成長期の身体の特徴およびメンタル面などに対しての幅広い知識と、正しい指導方法を身につけて、子どもたちに接していくことが大切です。コーチとして、親として、常に新しい情報をキャッチしながら向上心を持って、子どもの成長するペースに負けないくらいのレベルアップを目指していきたいものです。そのために、この本がお役に立てることを願っています。

公益社団法人 全国野球振興会
（日本プロ野球 OB クラブ）会員
野球技術指導員　大石滋昭

[本書にご協力頂いたみなさん]

参考文献
『ホップ・ステップ・ジャイアンツ』
編集 読売巨人軍ジャイアンツアカデミー
(株式会社ベースボール・マガジン社　発行)
『野球選手のメンタルトレーニング』
著者　高妻容一、弓桁義雄、金屋佑一郎
(株式会社ベースボール・マガジン社　発行)

STAFF
写真　海野惶世
本文デザイン　上筋英彌・木寅美香（アップライン株式会社）
カバーデザイン　柿沼みさと

パーフェクトレッスンブック
野球の教え方、教えます!

著　者　大石滋昭《おおいししげあき》
発行者　岩野裕一
発行所　株式会社実業之日本社
〒107-0062
東京都港区南青山5-4-30
CoSTUME NATIONAL Aoyama Complex 2F
[編集部]03-6809-0452　[販売部]03-6809-0495
実業之日本社ホームページ　https://www.j-n.co.jp/

印　刷　大日本印刷株式会社
製本所　大日本印刷株式会社

 ISBN978-4-408-45594-5（第一趣味）

1606(06)